Moderne for ever

JACQUES MARTINEZ

Moderne for ever

BERNARD GRASSET

PARIS

Origine des photos : Roger-Viollet sauf celle de la page 63,
Sygma.

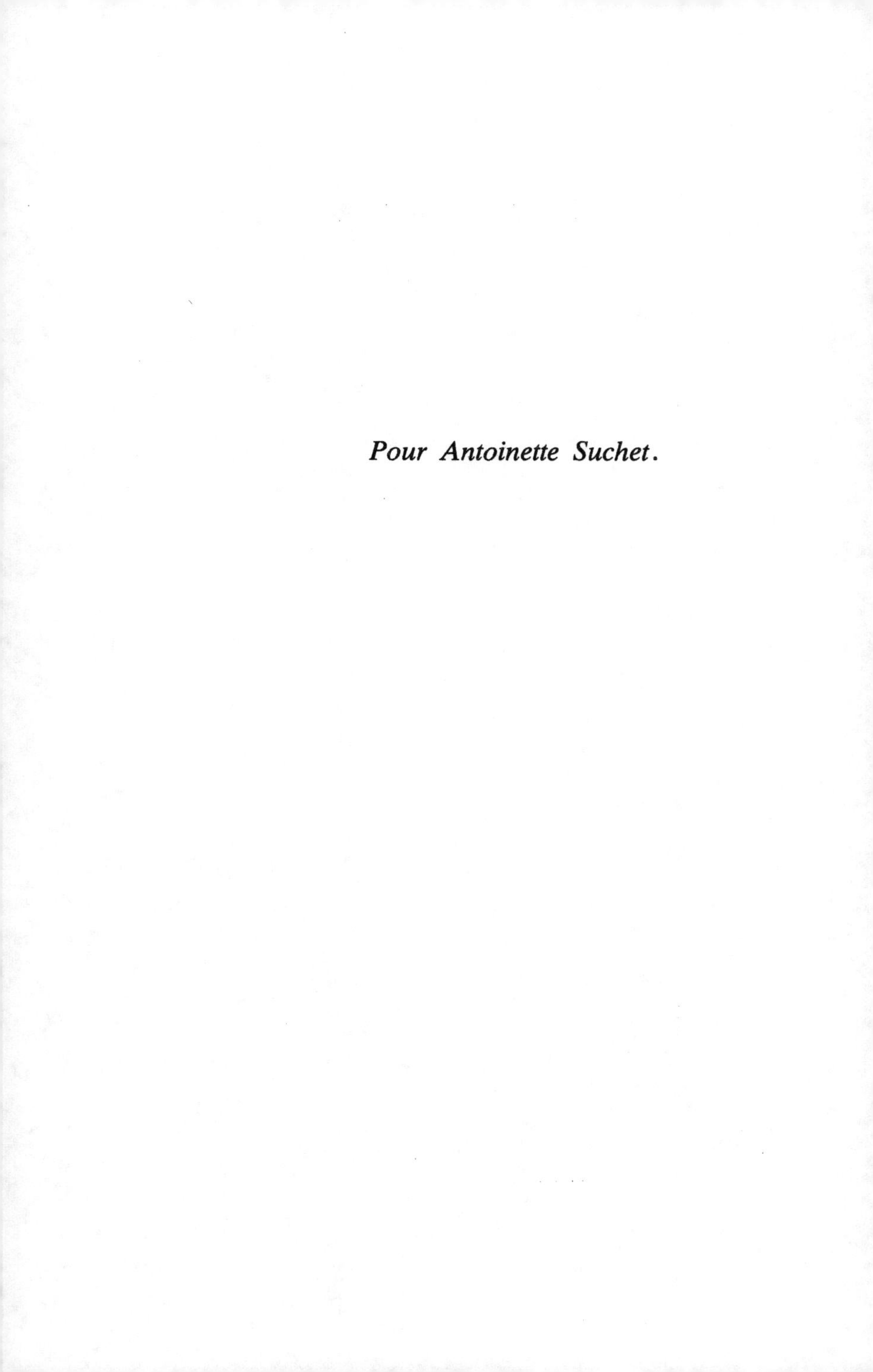

Pour Antoinette Suchet.

Neo-plasticism is more at home in the Metro than in Notre-Dame, prefers the Eiffel Tower to Mont Blanc.

PIET MONDRIAN.

Notre époque, si riche en débris humains de toute sorte, est peut-être promise à un bel avenir.

JEAN GIONO.

D'ABORD

... Il y avait du vent. Mais pas vraiment un vent d'hiver. Il arrive, ainsi, qu'entre le jour et la nuit, les bruits eux-mêmes s'étouffent. Et qu'en cet intervalle, les saisons se troublent. Nous avons souvent parlé ensemble de ces froids dessinés à l'aube des jours d'été et de la douceur de certaines fins de nuit d'hiver. Aujourd'hui, c'était donc dans ce matin de février, un air doux et rond, bourrasque légère. C'est à peine, mais lentement, si j'ai refermé un à un les boutons de mon manteau de pluie, manteau kaki — « American Army », comme tu dis.

Devant moi, il y avait cette esplanade, long plateau désert et de béton. Ce vide, large et silencieux, par ce dimanche qui commençait à peine; et, tout autour, ces immeubles. Comment doit-on dire : « gratte-ciel », « building », ou alors « les tours de la Défense » comme dans les journaux français ?

La première fois que j'ai vraiment vu ce « paysage », c'était il y a une dizaine d'années, depuis la terrasse d'un de ces immeubles trente, derrière le boulevard Suchet, où nous avons, depuis, parfois traîné. Te souviens-tu ? Ces portes dessinées, ces halls immenses, cette géométrie que j'aime... Cette première fois, donc, j'étais arrivé chez des amis en fin d'après-midi un jour d'automne. Dans le salon voisin, tout le monde riait, et moi, seul devant cette vue; je n'arrivais pas à m'en distraire. Au premier plan il y avait le « Bois » roux et brun, par la saison et l'heure du jour. Au loin, ramassés, noirs et brillants dans le ciel orangé, la Défense et ses monuments. J'étais resté ainsi, seul, sans bouger, sans fumer, sans boire, les mains dans les poches. Je regardais le jour partir, en jouant avec les hauts rectangles des tours. A ma respiration plus lente, au silence dans ma tête, je devinais une de ces rares minutes de paix qui me sont si rares, qui me sont si chères.

C'est pour cela que, depuis, je suis revenu souvent ici. De préférence aux heures vides de la nuit, après la pluie, quand le sol est brillant. Et c'est pour cela que tout à l'heure, après t'avoir quittée, j'ai eu envie de revenir encore, de retrouver ce paysage vertical, cette nature fabriquée, artificielle, cet horizon dessiné du seul désir des hommes et de leur intelligence; et qui me calme, dans cette France qui m'énerve, loin de toute poutre apparente et de ta place des Vosges qui m'est insupportable.

Je suis désolé, presque triste, de m'être si mal conduit hier soir. J'espère que tu me pardonneras et que tu ne m'en voudras point, ou alors pas trop longtemps, ou alors pas d'une manière idiote. De tout cela, de cette soirée, de mes silences et de mes cris, je te reparlerai dans un instant. Mais avant, je voulais — je *veux* — te dire combien j'étais bien il y a encore une heure, là-bas, dans cette « terre » d'acier, de béton et de verre, avec comme seule douceur ce palais en contrebas, grand geste de ciment aux trois ouvertures ovales. Te souviens-tu des fenêtres de ces avions des années cinquante, qui s'appelaient les Caravelles ?

J'ai marché longtemps. Le vent et le jour qui se levaient lentement, le ciel qui se débarrassait des bleus de la nuit pour trouver le gris des nuages clairs et pommelés, comme un ciel à Versailles dans le soleil blanc, tout cela faisait qu'à chacun

de mes pas mon courroux et mes haines accumu-
lées, le soir, autour de la table, m'abandonnaient
par larges pans. Mon front lui-même se délivrait
du vin blanc et de ses bulles. Ma migraine ne
servait plus qu'à ouater encore mieux les bruits
rares et mes gestes lents.

J'ai marché ainsi presque une heure. Une
heure pour toi. Presque une heure pour toi,
Soledad. Une heure pour mieux te dire, te parler,
t'expliquer. Une heure pour tout ce que je
n'avais pu te dire entre neuf et trois heures du
matin. Mes goûts et mes désirs, que je te pensais
connaître. Mes haines et mes refus que je t'ai cru
partager certains jours. De cela aussi je te
reparlerai. Et c'est même ce qui me décide à ce
geste si étranger : écrire, t'écrire.

Tu ne sauras jamais combien tu m'as manqué
cette nuit; combien cette solitude que je revendique m'aura été difficile dans ces longues minutes
où, seul devant l'angle d'une de ces maisons de
ciel, je collais mon regard jusqu'à tout déformer
dans ces verticales noires, comblées par l'angle
de deux murs sans limite autre que les nuages.
Lignes jouées par mon regard. Pyramide infinie.
Dessins trapèzes. Maisons à tête haute. Mentons
arrogants de la ville qui arrêtent, installent,
tétanisent mes mémoires et abolissent ma peine.

Finie la peur qui me tirait par le coin de l'âme, hier soir, au milieu de ton dîner — cette peur de devenir fou, d'être enfermé, de crever d'un cancer du poumon avant d'avoir pu essayer de montrer, de peindre ces quelques assurances ténues, mais qui me sont vitales. La folie, les poumons, la sueur à nouveau sur mon front du seul fait de l'écrire, d'y penser.

Il m'arrivait à certaines minutes de me sentir si près, si solidaire de cet espace que je t'en oubliais. Mais un geste, un mouvement irrégulier de l'air et je repartais à nouveau te retrouver — et te parler toujours. J'oubliais mes phrases de tout à l'heure. Je pensais à toi avec tant de tendresse que je devinais un sourire sur mes lèvres. La soirée repassait dans ma tête par plans déchirés, fixes ou trop rapides, comme une mauvaise bande vidéo. D'abord l'appartement vide, la table si joliment dressée, ces six couverts parfaits, les trois verres de cristal devant chaque assiette, les fleurs blanches au salon, le feu dans la cheminée, l'arrivée de ces gens. Mon long, trop long silence ensuite, puis tout à coup, sans que je le veuille vraiment, mes phrases trop dures pour eux, pour toi. Et puis nous deux encore, debout, dressés l'un contre l'autre à chaque bout du salon vide. Ce temps qui se casse et que j'ai déjà assez vécu pour en savoir l'exact sens, lors même qu'il se dessine : la fin. Ce temps, oui. Toi et moi. Mon départ malgré tout, refusant ton chagrin. Tournant le dos à ma douleur.

C'est vrai que c'était charmant, et plus que cela encore, profitant d'un voyage de tes parents, d'organiser ce dîner en cet appartement parfait, comme dans les magazines; mais c'est vrai aussi que, quand je te dis ma lassitude des restaurants, je mens et je me mens — car je n'aime que cela, les restaurants : grands, avec du bruit, pleins de lumière. C'est vrai que ce peintre, dont j'ai oublié jusqu'au nom, fait de la peinture abstraite; mais j'aime si rarement les peintres, les peintures autres que les miennes et sa peinture à lui, Ecole de Paris, Paris aigri. Et puis, je l'ai trouvé si vieux et si raté — et cela m'a fait si peur. Quand il a dit qu'il était communiste, et fier de l'être, quand il a parlé de cette chanteuse minable déclarant à la télévision que Sakharov était un agent de la CIA, quand il a répété ça si vulgairement, c'est-à-dire en riant, sans avoir le courage de cette monstruosité, mais en la disant néanmoins, je n'ai pas bougé, c'est vrai, alors que j'aurais dû prendre la table, la renverser, lui casser une chaise sur la tête et m'en aller. Mais je n'ai pas pu. Je n'ai pas su. Sakharov, la Pologne, Prague, l'Afghanistan : tout ça semblait si bête, si naïvement évident tout à coup.

Et puis comment as-tu pu me reprocher mon sourire méprisant alors que j'aurais voulu l'étrangler ? Je me suis tu encore, quand il a dit que Raymond Aron n'était qu'une vieille crapule réactionnaire. Et je me demande si je n'aurais pas dû continuer à me taire quand, essayant de parler de Twombly, cette ordure m'a coupé un instant de sa voix de fausset : « Toute la peinture américaine, y compris cette abstraction, recopie nos travaux et pue le fric. » Il a dit « fric ». As-tu pensé une seconde en regardant une bataille d'Uccello, ou *Jacob bénissant les enfants de Joseph* de Rembrandt au musée de Kassel que tu aimes et que nous avons regardé ensemble, combien cela avait pu coûter ? Et les Pyramides : combien de « fric » les Pyramides ? Combien de morts les Pyramides ? L'art, tu le sais, n'a que faire et du fric et des morts. Cette loque, on pourrait lui donner des milliards de dollars qu'il n'en ferait pas pour autant de la bonne peinture. Et il ose parler de fric ! et il ose prétendre que la peinture américaine l'a recopié !

Certes, sa compagne avait une vraie élégance... Ce charme à peine vieilli de ce qui reste de l'aristocratie de ce pays... Mais cette aristocratie européenne mérite mieux, je le crois, quand elle n'arrive pas à se louer à New York pour vendre des cosmétiques, que de finir dans ce catholicisme de gauche qu'elle affichait et qui m'apparaît tout aussi ridicule. N'oublie jamais que, quand un 13 décembre, pour raison polonaise, les socialistes de ce pays dignement ont quitté le bureau de la CGT, c'est un prêtre ouvrier qui est allé jouer les jaunes du déshonneur. Et c'est pourtant vrai que cette femme a joliment parlé de *la Pesanteur et la Grâce*. Et c'est pourtant vrai que c'est moi, jadis, qui t'en avais conseillé la lecture. Et c'est pourtant vrai qu'ils avaient l'air d'un vrai couple malgré leur différence d'âge. Mais que m'importent les couples ! J'ai horreur des couples, ces choses bizarres, plus de neuf fois sur dix fabriqués de morceaux de malheur, collés par les défauts, les peurs économiques, les réflexes d'esclave devant la solitude, les habitudes, les lâchetés et mille autres mauvaises raisons inavouées qui me répugnent. J'ai horreur des couples, tu le sais. Et je te croyais, au moins pour cela, partager mon sentiment.

Il y avait un autre couple. Nous étions trois couples, donc, toi et moi devenus couple, le temps d'un dîner, comme si nous ne méritions pas autre chose et toi et moi.

La troisième femme était belle, c'est vrai.
« Comme tu les aimes », tu avais dit. « Brune
avec une belle poitrine, un beau cul, la presque
trentaine triomphante », avais-tu ajouté
complice, coquine, avant qu'elle n'arrive. Tu
parles d'un « triomphe » : femme d'affaires, la
Bourse pour s'amuser et le marketing pour la
semaine... En vérité, je n'ai rien compris à sa
jacasserie, sinon qu'elle « adorait » la peinture
surréaliste et qu'elle ferait tout pour éviter que sa
fille épouse un Noir. C'est la deuxième fois de la
soirée que j'ai eu l'impression de vivre le mauvais
dialogue d'une mauvaise scène d'un mauvais
film. Mots trop bêtes, phrases clichés, que
personne n'oserait mettre ni dans un mauvais
film ni même dans un mauvais roman. Quand je
l'ai regardée fixement et que je lui ai demandé :
« Et s'il n'avait qu'un œil, un œil de Noir ? », j'ai
cru qu'elle allait sourire et que quelqu'un autour
de la table allait comprendre. Mais rien...

J'aurais pu, certes, intervenir plus calmement,
plus aimablement. N'avait-elle pas dit qu'elle
achetait de l'art contemporain ? Ce fut, je crois,
puisque tu me l'as dit — je t'ignorais ce côté
comptable — mon second sourire méprisant. La
vérité c'est qu'à ce moment-là, c'est toi qui aurais
dû lui intimer l'ordre de se taire. Cela m'aurait

évité, perdant enfin patience, de la jeter dehors elle, son mari stupide, et le communiste que ni les nègres ni les histoires de juifs n'avaient fait beaucoup bouger. Cela dit, au nom de quoi me reprocher de les jeter hors de cette maison qui n'était pas la mienne ? Ce n'est tout de même pas à mon âge que l'absence de titre de propriété va me faire accepter l'inacceptable. Et, quant au fait que son mari « était né en juillet 1944, comme moi, Cancer », sourire entendu, pourquoi pas complice, c'est pire : tu aurais donc voulu que nous parlions tous ensemble des horoscopes, des mérites comparés des différents signes ! Tout de même ! Pas ça ! Pas jusque-là ! Ni toi ni moi ! Comme si tu ne savais pas, depuis tant de semaines passées ensemble, que je suis presque plus vieux que le prince Salina, même s'il m'arrive d'avoir ton âge dans ces boîtes pourries où nous dansons comme des dingues, jusqu'au matin, jusqu'à la piste vide. Et même si certains jours, quand tu cries dans la rue et que les gens te regardent et que je crie plus fort encore, il m'arrive d'être plus jeune que toi.

Sans doute a-t-il cru aimer Godard et Roger Vailland. Sans doute ai-je pu le croiser, au hasard de 68, du côté de l'Odéon. Sans doute encore portait-il, comme moi, un Lewis 501, un tricot

Lacoste, un blazer marine et une pochette rouge. Eh bien, je ne porterai plus que des costumes croisés. Comment as-tu pu penser que je pouvais avoir quelque chose à dire à un directeur artistique d'une boîte de pub qui parlait de bandes dessinées, avait fait les Beaux-Arts et se vantait de peindre le dimanche — « genre nouvelle figuration » —, cette sous-merde française, copie tiers-mondiste de mode dépassée. Au lieu de me reprocher mes cris de la fin, ce sont mes silences du début que tu aurais dû refuser. De toi j'ai attendu un geste, un regard, quelque chose qui me calmât, qui me parlât de toi. Leur bêtise m'était indifférente, c'est cette distance que je voyais se glisser entre nous à chacune de leurs affirmations qui me faisait peur. Peut-être aurais-je pu entendre pire si je t'avais sue étrangère, complètement étrangère à tout ça.

Je t'ai aimée à ma manière, dans des jours de hasard que je voulais choisis, sans jamais oublier que tout cela devait s'arrêter, mais avec le sourire et sans que ce secret m'empêchât de vivre plus fort les heures passées avec toi. Je t'aimais pour ta manière de t'habiller toujours de noir et de mettre en même temps, et avec arrogance, des bas blancs, des baskets de cuir noir, un vieux tailleur Chanel et Jicky de Guerlain. Je t'aimais parce que je pouvais rester des heures avec toi dans les galeries italiennes du Louvre, devant une toile de Liberale da Verona, dans un musée d'Avignon, te perdre à Cologne dans une exposition et savoir que j'allais te retrouver, et que tu me prendrais la main et que tu m'amènerais alors devant cette toile d'Agnès Martin, *On a clear day*, et me dirais à l'oreille : « Regarde », et encore : « Je t'aime » en me serrant plus fort le bras, mais sans que personne devine rien — et d'Agnès Martin et de ton amour et de mon bras. Je t'aimais parce que tu étais capable d'écouter vingt fois de suite *Mercedes Benz* de Janis Joplin; parce que je savais, quand tu allais vers la musique, que viendrait la *Leçon des ténèbres*, une chanteuse de tango, ou un chant juif du XIVe siècle, ou encore quelque chose que je ne connaissais pas mais que j'allais aimer; parce que, en ces nuits, je nous savais rire des mêmes rires, trembler des mêmes peurs et attendre les rouges du matin avec le même désir; je t'aimais parce que tu étais capable de manger des yaourts, des pamplemousses et des œufs de saumon à chaque repas pendant des semaines, changeant seulement de marque de vin blanc. Voilà.

Ensuite, je me suis assis sur un coin de mur de la grande esplanade au pied des tours. La nuit sans sommeil me tournait la tête. Il y a eu des cabines téléphoniques qui ne marchaient pas. Une autre qui marchait. Un taxi. Sans chien et sans radio réclame ! J'ai dû m'endormir et quand un coup de frein m'a réveillé nous étions presque arrivés. A la portière, déjà les bâtiments de l'aéroport. Autre béton. Roissy-Charles-de-Gaulle, dans la brume. Ces deux cèdres immenses... cèdres du Liban... Liban-Munich... Saigon et les gens qui s'accrochent à l'hélicoptère sur le toit de l'ambassade US... Boat-people... Vietnamiens crevant le long des gazoducs... Vietnamiens mourant en Indochine ou vendus dans les chantiers de l'Europe de l'Est... Liban encore avec ces deux arbres... et puis Vietnam à nouveau... six heures pour le Vietnam... la colle, la peinture sur mes mains, hier. « Hey, hey, L.B.J. how many kids did you kill today ? » J'ai eu envie de rire et de vomir. Le vieux militant des luttes anti-impérialistes et le Liban. Là, de bon matin, je n'avais vraiment pas besoin du Liban. Je me serais passé du Liban... Je m'en veux, tu sais, je m'en veux de m'énerver pour un rien comme ça, pour un arbre croisé dans une route de hasard. Car je me dis : « Je ne m'intéresserai plus jamais à la politique, plus jamais je ne lirai les premières pages des journaux, plus jamais je ne regarderai la télévision. » Et puis, paf, là, un matin, sans que je m'y attende, deux arbres au bord de la route, et encore un quart d'heure à m'énerver... Même pas un quart d'heure... Peut-être cinq minutes, mais cinq minutes de trop... Ma tête à nouveau et ma migraine. Seul, dans l'aéroport vide, j'avais une heure d'avance. Alors papier, alors crayon, alors voilà ces phrases pour toi, moi qui déchire toujours les lettres.

J'ai marché dans l'aéroport aux glaces immenses. J'ai vu un Concorde arriver, disparaître et décoller. Que c'était beau ce béton, cet avion, ce matin gris, ma tête malade... Et tu voudrais que je partage toutes ces modes rétro ? Ces goûts colonnades ? Que je croie en ces faux modernismes et en ces postmodernes ? Nous sommes tous des prémodernes, si nous sommes quelque chose. Le progrès c'est peut-être le fil de fer barbelé mais c'est aussi la pénicilline (pardonne-moi d'être trivial). Je t'abandonne mille tours d'Auvergne en voiture à chevaux avec haltes dans les châteaux pour un aller simple en Concorde et n'importe quelle chambre climatisée dans la 67e Rue Est. Vive l'avion ! Vive le néon ! Vive le béton ! « Vive l'art abstrait ! » C'était un de nos cris de guerre, tu te souviens, « Vive l'art abstrait ! », qui était vite devenu un de nos cris tout court, les jours de grand vent, comme tu disais, comme je disais, jour de grand vent, et comme tu aimais.

Cela voulait dire jour de grand travail, de grande table, de grandes bouteilles, de grandes joies. Comme cette nuit de novembre où, absent de Paris depuis plusieurs jours, j'avais retrouvé l'atelier et où tu m'avais aidé à terminer *Spanish Special Pyramid*. Comme le matin où nous étions arrivés les premiers à l'exposition Turner, troublés par tous ces articles qui nous expliquaient qu'au fond, Turner n'était pas le peintre abstrait que nous croyions. Nous courions les salles plusieurs fois. Devant chaque toile : regarder, revenir encore, nous perdre un peu. Avec cette peur, à cause des articles que nous avions lus : « Turner était simplement le continuateur de la peinture française du XVIIIe siècle, c'est quelqu'un qui avait aimé regarder Claude Lorrain et tout le reste n'était que toiles interminées. » Ah, les minables ! Non contents de mettre en avant une peinture pourrie (qui va bien avec ces temps pourris mais qui va quand même très mal avec la peinture tout court), ils sont en train de réécrire l'histoire de l'Art elle-même ! Car enfin que leur faut-il de plus ? Pourquoi mettait-il des pitons, Turner, à ses toiles ? Cela ne veut-il pas dire qu'elles sont terminées ? qu'on peut les accrocher ? leur donner un sens ? Elles avaient un sens, ces espèces de choses délavées, sans rien, magnifiques, d'un seul rouge placé entre deux gris. C'est cela Turner. Ce n'est que cela. Et on n'en a rien à faire et pour sa gloire et pour nous, et pour l'histoire de l'Art, des vendanges à Mâcon. Alors, qu'un fils de coiffeur ait envie de rentrer à l'académie royale d'Angleterre à vingt-quatre ans et que, pour cela, il fasse des pyramides ou autres paysages bidon, c'est son droit. Si ça lui fait plaisir, il en a même le devoir. Et je suis ravi, au demeurant, qu'un fils de coiffeur entre dans un institut quelconque ou dans une académie — moi qui adore les instituts et les académies. Mais qu'on ne vienne pas aujourd'hui, cent vingt années après, nous raconter des bêtises ! Turner n'a un intérêt que parce qu'il a fait de la peinture abstraite un peu avant les autres, et qu'il l'a fait très bien et qu'il l'a fait très beau.

Et te rappelles-tu notre joie devant les tableaux de la fin, ceux de la toute dernière salle ? Cette manière de vérifier que moins il y avait d'histoire, plus il y avait de peinture dans les tableaux de Turner, que c'était vrai, que ces imbéciles nous avaient menti ? Vive la peinture abstraite ! C'est toi qui l'avais crié, la première, en descendant les escaliers. Dehors, Paris... le Grand Palais... les arbres avec encore quelques feuilles... Cette longue marche sur les quais, l'île de la Cité, le Vert-Galant, nos salades au foie gras, ces rougets parfaits et ces fruits rouges en sorbet, avec la toile de la nuit dans la tête, tous les Turner retrouvés et notre cher vieux projet commun : raser l'île de la Cité, sa vilaine place de province, son horrible Palais de Justice, raser l'île Saint-Louis, ce rêve d'Américaine entretenue — nous ne voulions garder que la Sainte Chapelle, le mur de la Conciergerie et l'abside de Notre-Dame dont il faut bien dire que la façade, etc., etc. Nous riions beaucoup en avançant dans ce projet. Mais tu savais que j'étais sincère, que j'y croyais un peu. Et je savais que je pouvais te dire tout ça, que tu n'y verrais pas une provocation débile ou un délire de fou. Donc : tout raser sauf ces détails. Les deux îles, avec au milieu de l'île de la Cité, une tour, une seule, la plus haute tour jamais construite au monde. Un pays capable de raser pour construire encore plus beau c'est un pays qui mérite un avenir; un pays qui conserve c'est un pays en train de mourir. Tu m'avais dit : « Et Versailles, on rase ? » J'avais dit : « Jamais » sans t'expliquer pourquoi.

Jour de grand vent... Le retour à l'atelier...
L'acide chlorhydrique sur la toile et sur le balcon.
Tu avais ri, manquant renverser la bouteille.
Quelques dessins après, et puis tes bras, et puis
toi dans le silence de la chambre, et puis la
lumière d'une bougie et puis la douceur de ta
peau où s'arrête la soie grise de ton bras.

J'ai si mal que je n'ai même plus envie de
fumer, de commander une bière. Le thé refroidit
et la pluie envahit le paysage. Au loin, les cèdres
encore, mais je les ai poussés hors de ma tête.
Devant, un hôtel. Il y a quelques années j'avais
dit que si un jour j'avais du fric, je vivrais à
l'hôtel, près d'un aéroport, avec pour atelier un
de ces grands hangars qu'on trouve toujours
près des aéroports. Près de dix ans ont passé
depuis mon arrivée dans cette ville. Et maintenant, si je pouvais choisir, je resterais dans le
XIVe arrondissement où j'ai pris mes habitudes.
Ou bien j'irais vers Sèvres-Babylone. Mais pas
ailleurs : l'habitude a trahi mes idées. Il faudrait
que toujours l'habitude renforce le choix, alors
que, souvent, les choix sont cassés par l'habitude.
C'est peut-être ça vieillir. Et de le savoir,
retarder un peu ce vieillissement pourri (je vais
déménager dans un an).

Dans cette lettre, je m'en rends compte maintenant, traînent plein d'imparfaits, vieux d'à peine quelques heures. « Je t'aimais », par exemple... C'est idiot : je t'aime encore. Mais quelque chose est cassé. Et il ne faut pas être triste. C'est normal : à part la peinture, la musique et l'architecture, rien n'est fait pour durer, surtout pas les histoires d'amour. Et tu apprendras un jour, j'espère, qu'il vaut mieux se quitter en sachant vaguement pourquoi que passer une vie entière ensemble, sans vraie raison, comme font les autres. J'aurai mal et toi aussi, peut-être pendant quelques jours, quelques semaines. Si je savais que ce soir un autre homme... Mais le jour viendra où nous rirons de tout cela. Que ne vienne jamais pourtant le jour où, dans un restaurant, ou même dans un musée, nous ferions semblant de ne pas nous voir. Sans la moindre haine, mais par le seul sentiment de ne rien avoir à nous dire.

Nous n'en sommes encore pas vraiment là. La preuve : je t'écris. Parce que j'en ai besoin. Parce que je suis malade de ce monde, de ce temps et que j'ai peur, à me taire, d'en perdre proprement la tête. Parce que je sais, aussi, que tu peux encore me comprendre et partager tout ça. Au hasard des moments vides ou, au contraire,

quand je serai plein, submergé de désirs, d'idées
près d'éclater, alors, je prendrai un papier pour
te parler encore, en vrac, maladroit au milieu des
mots — tandis que ta voix, à mon souvenir, la
sévérité de tes exigences à certains moments de
fins de journée, ton visage sur la page blanche...

NICE

L'aile de l'avion qui tourne redessine la ville. Rose le château dit de l'Anglais, rouge le port, vert sombre la colline dite du château, ocre le cours Saleya, blanche la promenade et puis la mer, partout, qui se courbe aux galets, bleu profond bleu-vert et gris en même temps, travaillé par le vent. Paysage que j'aime. La ville, ma ville peut-être depuis trente ans déjà.

Les jours de mistral, les avions s'en vont vers l'est pour revenir contre le vent. Les jours de mistral il y a toujours du soleil, les nuages qu'apportent les vents d'est sont chassés, poussés au loin vers quelque ville de pluie. Les jours de mistral, les détails des choses, des arbres et des maisons se font plus précis. Les jours de mistral les paysages gagnent en acuité, en vérité. Les gens aussi. Les têtes, les gestes et même les sentiments s'aiguisent à l'allure du vent : évident, lucide, dangereux, mais bon aussi, par larges claques et grands aplats à l'angle des maisons et au plus large des places.

Aéroport. Courir embrasser grand-mère et mère. Courir retrouver les couleurs du marché. Les fruits orange et les fleurs blanches, le thym gris des collines et l'ambre des fruits secs de l'Afrique. Les amis vers midi et les chaises au soleil. Saleya du dimanche...

C'était avant-hier matin. Mon arrivée à Nice. Quelques heures à peine après t'avoir quittée. Je t'écris depuis ma cabine, dans le train qui me ramène vers Paris. Il est trois heures du matin. Cela fait trois jours pleins, trois fois vingt-quatre heures, que je ne t'ai pas vue, que je ne t'ai pas caressée. Je ferme les yeux pour retrouver ton visage, les détails de ton corps. Et j'ai peur qu'en les ouvrant à nouveau ton image perde un peu de sa réalité; que je n'arrive plus, la fois suivante, en te cherchant encore, à être certain du dessin de ta lèvre supérieure, du noir de tes sourcils; ou, plus exactement, que je n'arrive plus à les replacer, à les rejouer ensemble, ces détails. Paris est au bout du wagon, à quelques heures. Mais je continue...

Après, il y a eu la rue Saint-Vincent. L'atelier froid et les toiles en morceaux. La vierge rouge. Colline azzurra. Deserto. Pablo uno. La chaise de métal au milieu de l'atelier. Les yeux qui redécouvrent, la main qui reconstruit. Un trait de pastel ajouté, un vernis vérifié. La chaise de métal au milieu de l'atelier. Les coudes sur les genoux et le visage entre les mains. Longtemps, sans bruit, yeux ouverts, yeux fermés. Le monde est bleu outremer, gris souris, vernis chaud, sanguine rousse, acier rouillé, courbe et carré, lin pur et coton blanc cassé, pastel et térébenthine. Le monde est là hors du soleil et du froid, hors des dimanches et des horloges, tel qu'en lui-même je le travaille et le colore; en cette moindre distance de lui que je fabrique à moi qui l'invente, aux seules lignes trouvées, aux seuls gris fatigués qui me vont, en ces jours, en ces temps où je vais.

Tout va lentement, alors, avec des gestes fragiles, comme autrefois quand je voulais garder la rose de ton parfum au fin de mes cheveux, et le dessin de tes lèvres sur le devant de mes doigts. Lentement vers le soleil, le marché disparu, les enfants ont déjà quitté la table et les familles en sont au café. Lentement la voiture encore, quatre palmiers nus dessinés sur le ciel. Les rues vides du dimanche. Lentement la chambre blanche sur la colline où je me réveille.

Dehors, le ciel déjà rose. Le col relevé et les mains dans les poches. Le chemin où je marche. Les ronds bassins d'arrosage brillant, jusqu'à ras bord, des jaunes et des violets du couchant. Le mistral revenu, qui me réveille et m'énerve. Les souvenirs de toi — c'était hier à peine. La nuit qui vient. Les images et les mots en désordre. Le mistral plus fort et la première étoile.

Le chemin où je marche s'appelle « Cal de Spagnol ». Plus loin, il y en a un autre qui s'appelle « De Fabron à la corniche fleurie. » En dix ans, le quartier a changé, un peu comme le monde, pas vraiment comme je l'aurais voulu. Les sentiers et chemins nouvellement agrandis ont pris des noms de fleurs. Déjà une avenue des Anthémis. Bientôt peut-être, qui sait ? un boulevard des Glaïeuls. Et si le quartier devient vraiment luxueux — j'entends : de leur « luxe » à eux — peut-être aurons-nous une promenade des Orchidées. Peut-être aussi, s'il devient sportif, les plaques diront-elles des noms de boxeurs ou de coureurs cyclistes. Quel univers !

J'ai rêvé si fort et si longtemps d'autre chose que, même aujourd'hui, alors que la plupart de mes rêves m'ont quitté, je ne peux m'épargner ces nostalgies. Te rencontrer rue Philippe-de-Champaigne... Nous fâcher une première fois rue Jean-Racine... Te trahir, honteux et idiot, avec une femme maigre habitant dans un vieil immeuble, construit par Mallet Stevens, au numéro 7 du boulevard Mondrian... Partir ensemble acheter des alcools et des fruits au marché Malevitch... Ecrire aujourd'hui, depuis un coin de bistrot, perdu dans une vieille ville sur la place Paolo Uccello... Et tout cela, lentement, toujours dans les mêmes couleurs, le long des cyprès courts, des branches froissées dans ma main et, dans ma paume ouverte, ce mélange de poivre et de terre humide (il y a longtemps, une nuit de juin, cette fille longue aux lèvres larges, aux cheveux raides et roux, au ventre plat, appuyée au cyprès dans un square triangle derrière le Parc Impérial)... L'odeur des cyprès encore... La route comme un chemin familier... Et, en face, les baous, premiers ourlets des Alpes, entre Vence et Saint-Jeannet, que l'on devine, d'ici, presque noirs, soulignés de bleu dur et de restes de rose... Cyprès souvenirs... Cyprès parfums... Le seul rythme du vent et un arbre trop droit, juste au milieu des champs d'œillets... Moment « carte postale ».

Et puis soudain, horreur ! Un bruit de pneus et

de quincaillerie. Une voiture dans le virage. Fausse vitesse, fausse décapotable, fausse blonde, fausse musique — mauvaise chanson, aussi, par la vitre ouverte. Un bond de côté, pour se protéger. Et la voiture qui passe avec, sur le coffre arrière, une plaque rayée jaune et rouge, et marquée de deux lettres noires : O et C — OC, comme Occitanie... Oublié, alors, le paysage. Détruits, les silences et les odeurs. Jetées les branches de cyprès. Et la colère à nouveau. Et le pas plus rapide. Et le retour à la villa, vite, seul. Le cœur qui cogne derrière l'oreille et la fureur qui se construit.

Occitanie et Bretagne... Pays basque et Larzac... Faux pays, fausse histoire, fausse poutre apparente, vraies sottises réactionnaires... Au mieux le fifre et le folklore — pitoyable. Au pis les bombes et le KGB — criminel. Dans tous les cas, et derrière mille masques alibis, le triomphe généralisé du style Lacombe Lucien. Mon pas se ralentit. Mon cœur se calme et se désabuse. Plutôt que la colère, une trop lasse fatigue. Et toi qui n'es plus là...

Car, comprends-moi. C'est comme l'autre soir, quand cette jeune femme élégante et de gauche et catholique a commencé à parler des paysages de sa province, de ses longues marches dans les terres de chez elle, de l'odeur même de sa terre et de ses rencontres « si importantes », au hasard d'un chemin creux avec un vieux braconnier. Je ne supporte pas ça, voilà tout. J'ai horreur et de la campagne et de ses chemins creux plus de deux fois par an et au hasard d'un week-end ami. Je n'aime que l'odeur, la couleur, la clameur de la ville. Et toutes ces histoires de poids, de joie des racines ne signifient littéralement rien pour moi.

J'ai passé les douze premières années de ma vie dans une ville qui n'existe plus. Rayée des cartes, tu peux vérifier. Pour certains, plus âgés que moi, ce départ a pu être vécu comme un déchirement. Pour moi, c'est devenu un mode d'être, une manière de penser — une manière de savoir que ce n'est jamais le poids d'un sol, la saveur d'une terre qui décideront de ma géographie, mais les gens que j'aime et que j'aime parce qu'ils aiment ce que j'aime. Stendhal disait, je crois, « je suis chez moi où les gens me ressemblent ». De la même façon les amis que l'on choisit ont plus d'importance qu'un voisinage génétique ou un ancrage régional qui doivent, n'est-ce pas, tout au hasard. C'est plus, autrement dit, ce qui est dans la tête des gens que la couleur de leur peau qui m'intéresse. Et même si ça peut sembler fou d'avoir à le dire, à l'écrire, à le répéter, c'est vrai que je n'ai rien de commun avec une Blanche française catholique qui voterait pour « la droite » *ou* pour « la gauche » et qui rêverait de familles nombreuses. de maisons de campagne remplies de meubles anglais avec au mur la peinture qui va avec — alors que je suis chez moi, en revanche, *authentiquement* chez moi, quand, des nuits entières, avec Nadia de Casablanca, nous errons dans les rues de Paris, à parler du désert et de Cesare Pavese, à discuter d'une phrase de Dante et à finir, au matin, en écoutant une messe de Mozart ou en lisant son livre sur Fez. Je me sens de la même façon chez moi, au cœur d'une rue de New York, dans la pluie et le froid, en chantant faux avec Hervé une chanson de Léo Ferré, avant de m'engouffrer dans un musée moderne et de rester en silence, et pendant presque une heure, devant *la Leçon de piano* d'Henri Matisse.

Il y avait dans les années soixante un chanteur américain qui chantait des trucs à la Sinatra. Il était borgne. Noir. Comme si ça ne suffisait pas, il avait pris la religion « juive ». Ajoute à ça qu'il traînait régulièrement à son bras des blondasses scandinaves. Et qu'il vivait le tout avec une santé phénoménale : ah ! certainement pas celle, rassure-toi, du retour à la nature dans la tête et sur la table — mais la santé des gens qui rient, qui n'ont pas peur et qui savent que ce n'est pas dans un retour au village qu'on trouvera la solution aux angoisses des départs, des désordres et des changements d'aujourd'hui. Il s'appelait Sammy Davis Junior. C'est à lui que je faisais allusion l'autre soir, quand cette femme a commencé ses laideurs contre les Noirs. Et c'est lui, entre autres, qui m'a appris que c'est en plongeant à l'intérieur de la tempête, en s'y accrochant de toutes ses forces, en la fabriquant même parfois, qu'on peut la vivre sans se perdre et sans condamner le monde à répéter, stupide et lâche, les mêmes histoires du passé.

En ces temps-là, nous avions des maîtres qui, dans des tracts tirés sur de vieilles ronéos à l'alcool et à encre violette, nous invitaient à des cours gratuits d'espéranto, nous parlaient des « citoyens du monde » et annonçaient le jour où les hommes seraient égaux, les sociétés justes, les maisons belles (te souviens-tu de ce catalogue du Bauhaus et des catalogues pour meubles de Prisunic des années soixante que je t'avais montrés ?). Bien sûr tout ça était farfelu, ridicule, naïf et s'est, au demeurant, royalement cassé la gueule. Mais j'y reste fidèle, pourtant, à ma façon. Et si l'on devait me démontrer demain qu'un groupe social, pour exister, se renforcer, avancer, a besoin de fomenter des exclusions et des haines, oui, même si l'on me prouvait que c'est ce prix-là qu'il faut payer pour que perdure l'idée de progrès à laquelle je reste, également, attaché, je refuserais.

D'ailleurs, non. Je dis des bêtises. Vous me faites dire des bêtises. Car une société, pour être forte, pour avancer, n'a jamais eu besoin d'exclure, voyons ! Quand Catherine de Russie ou Frédéric de Prusse invitaient des philosophes, des architectes ou des peintres français c'est en sachant qu'ils n'avaient rien à craindre mais tout à gagner, au contraire, d'un « métissage » culturel. Ce retour à la terre, cette régression généralisée, c'est mon ennemi. C'est tout ce que je hais. C'est la négation de tout ce que je suis. Et si je me sens si bien ici, à Nice, c'est sans doute, au fond, parce que sa réalité, son identité sont toutes de modernité et que l'air qu'on y respire fleure ce mélange de juifs d'Oran, de vieux Russes, de jeunes femmes libanaises, de garçons de Constantine, d'étudiants de Dakar, d'Alsaciennes d'Orléansville, d'anciens de Saigon, de grand-mères d'El Biar, d'enfants du Piémont, de travailleurs espagnols que je n'ai trouvé nulle part ailleurs. Etre niçois, ça a quand même une autre allure qu'être basque.

La nuit était arrivée. Le vent n'était plus que le lent balancement gris des arbres sous la lune. Et la lumière, en bas, alignait les berges du Var. Où étais-tu ? que faisais-tu ? Te téléphoner m'aurait trop troublé. Et comme samedi soir, comme aujourd'hui dans ce train, j'avais les mêmes difficultés à mettre en ordre mes pensées. Je n'arrivais pas à retrouver le long discours, sa logique, ses démonstrations qui avaient accompagné ma longue dérive à la Défense. Les choses seront plus difficiles donc, plus en désordre que je n'aurais voulu. Mais je t'en prie Soledad : pardonne une phrase mal faite, une page trop longue. Ne te laisse pas arrêter par le fatras de mes pensées. Bien au contraire, il te faudra souvent faire un effort pour voir clair en « tout ça »…

« Tout ça », c'est-à-dire cet « énervement », par exemple, dont je parle toujours et qui n'a jamais vraiment commencé. Aussi loin que je remonte dans mes souvenirs, les choses, les êtres, les événements du monde, un visage croisé dans la rue, une toile à Londres en 1962, les articles du *Monde* sur l'Algérie, un meuble ou une musique vulgaires, un livre à peine terminé ont toujours

suffi à me chavirer la tête. Simplement, aujour-
d'hui, je sais un peu mieux jouer avec ces
tempêtes, vivre leurs désordres, ne pas perdre ma
route, bref « résister ».

La première fois que j'ai été capable d'un de
ces gestes de résistance c'était à New York en
octobre 77. Jasper Johns au Whitney. Fontana au
Guggenheim. New York partout et des ponts
plus beaux que des Richard Serra. C'était les
premiers jours. Après il y eut Soho. Ses galeries
et sa « nouvelle » peinture qui s'appelait, à
l'époque, « pattern painting ». Ça a changé de
nom depuis : au lieu de coller des plumes sur les
toiles les nouveaux collent des assiettes; mais le
produit, en gros, reste le même.

Pendant ces longs jours de New York quelque
chose a changé. Et ce changement, sans en avoir
la claire conscience que j'en ai aujourd'hui, je le
devinais déjà dans les heures mêmes de mes
longues marches dans la ville. Naturellement ce
« changement » ne signifie en rien une quelconque perte de cette fragilité que je revendique, de
cette manière excessive que j'ai de vivre les
choses et de leur répondre. Quand j'étais enfant,
à Bône, j'allais presque tous les dimanches au
cinéma, et presque tous les dimanches je pleu-
rais. Ma grand-mère avait beau me répéter que

c'était du cinéma, rien n'arrêtait mes larmes. Depuis, les choses ont un peu changé pour le cinéma, mais pas pour le reste. D'ailleurs je ne le voudrais pas. Ce qui s'est donc joué à New York — pardonne-moi si je bafouille un peu — c'est la découverte, au milieu de mes errances et de mes doutes, installé à l'intérieur de moi-même sans que je l'aie tout à fait choisi, cristallisé en lents sédiments de goût, de plaisir, de refus, de conviction et de réflexion, c'est la découverte, dis-je, d'une structure, d'un code, presque d'un étalon auquel je puisse enfin mesurer la vie, ses spectacles et ses œuvres.

Ce n'est pas un hasard si cela s'est produit au moment où je venais de perdre l'homme qui m'avait élevé et dont l'absence à jamais s'inscrivait dans mon regard. Ce n'est pas un hasard non plus, bien sûr, si cela s'est produit en ces lieux, en cette ville, dans la force de New York. Tu peux douter de l'architecture moderne en regardant les immeubles construits à Paris depuis vingt ans. Mais c'est impossible ici, quand tu regardes les buildings de Mies Van der Rohe, le Chrysler, l'Empire ou quand tu découvres un matin, en faisant le tour de Manhattan en hélicoptère, le World Trade Center. Il y a là une affirmation formidable de l'esthétique de ce siècle qui ne peut que chasser les miasmes rétro-bobo et t'obliger à une intelligence sévère.

Me voilà donc entouré de cette architecture, fort des longs moments passés devant la toile de Matisse dont je t'ai parlé; devant les deux toiles de Pollock du Metropolitan et du Moma; devant l'histoire même de la peinture telle qu'elle pouvait se lire en cet automne, à travers l'exposition des dernières œuvres de Cézanne; fort, aussi, de la rencontre d'une statue de bois japonaise du XIVe siècle et de deux paravents japonais à la Pace Gallery; fort du dessin même de cette ville au carré. Et c'est ainsi, adossé à tant de beauté, que j'ai regardé cette peinture nouvelle et ai appris deux ou trois choses qui me sont devenues depuis bien utiles.

La première c'est qu'il n'y avait rien là de très neuf sinon que ces toiles disaient qu'à nouveau le monde allait mal. De la même manière, dans les années trente, l'effondrement des démocraties devant les fascismes de droite et de gauche avait vu advenir, dans le champ pictural, des pratiques régressives qui parlaient moins des malheurs de la peinture que de ceux de la planète. Et on avait pu voir alors tel peintre français, qui faisait de superbes aquarelles abstraites quand il travaillait dans le groupe « cercles et carrés » et dont on trouve à Venise une grande toile admirable, tomber d'un seul coup, en une décadence sinistre, de citrouilles tristes en vilaines chaussures et pauvres chapeaux. Eh bien c'était pareil. C'était le même spectacle débile. Et j'avais l'impression d'assister, quarante ans après, au même renoncement, aux mêmes lâchetés opportunistes, aux mêmes retours de fausse culture, à l'évidence des mêmes mythologies de pacotille, sans que cela ait une importance réelle pour la peinture elle-même.

Car — et c'était la deuxième leçon que je tirais de cette « painting » dite « pattern » — ce ne sont ni les citrouilles de ce brave homme, ni les bouquets de fleurs et les portraits que Picabia vendait à tour de bras aux officiers allemands pendant la guerre, qui ont empêché Mondrian et Matisse de continuer, Pollock et Newman de commencer. Ce qui se passe simplement c'est que, lorsque le monde va bien, les imbéciles ont un peu honte d'être ce qu'ils sont; et que, dès que le monde va mal, la bêtise reprend du poil de la bête. A quoi s'accrocheraient les idiots sinon à leur idiotie, quand, sous leurs jambes fragiles, le sol semble bouger ?

Bien plus, ce n'est pas sans une certaine joie que je me résignais à l'existence de cette peinture pour les imbéciles. Car enfin, soyons sérieux : les gens ne sont pas forcément aussi « égaux » qu'on le croit; et selon que l'on aime un triptyque blanc de Robert Ryman ou une espèce d'alpiniste avec sac tyrolien peint à la manière de Chirico quand il allait encore à l'école, il est évident qu'on ne participera ni des mêmes valeurs ni de la même intelligence.

La suite, tu la connais. C'est tout un tas de gens que je respectais parce qu'ils avaient, des années durant, avec intelligence et conviction, défendu ou illustré une peinture toute de réserve, de gris raffiné, de géométrie élaborée — et qui ont commencé là à changer d'avis. Evidemment ils avaient le droit. N'a-t-on pas vu, en d'autres temps, des jeunes gens de gauche finir dans les couloirs de la collaboration ? Mais je prétends qu'il faut bien appeler ce reniement par son nom. Et que, derrière tous les discours vaseux sur le prétendu « plaisir de peindre » retrouvé qu'ils se sont tous mis à nous resservir, il n'y avait rien que le retour sans vergogne au bouquet de fleurs et autres figurations.

Soyons clairs. Pendant les années soixante déjà, j'imagine que quatre-vingt-dix pour cent des collectionneurs préféraient les bouquets de fleurs aux rectangles gris de Brice Marden. Mais, je te le répète, ils avaient honte. Avec la crise, la honte les a quittés. Ils ont bien voulu continuer à acheter, mais à condition qu'on leur fasse plaisir — étant entendu que leur plaisir à eux passe par la bande dessinée, les couleurs criardes et les évidences faciles.

Il en est des avant-gardes comme des étrangers. Quand les temps sont à l'euphorie économique, un étranger, même deux, ne dérangent pas dans un immeuble. De la même façon, quand tout va bien, les « amateurs » trouvent drôle de mettre sur leurs murs ce qui reste, quoi qu'ils en disent alors — et la suite le prouve ! —, un morceau de toile blanche. Alors que, quand tout va mal, quand les circulations économiques deviennent moins évidentes, ils redeviennent sérieux. Ils en veulent pour leur argent. Ils en veulent pour leur plaisir. « Ils », c'est-à-dire ces commerçants, ces héritiers en tout genre, ces professions libérales qui constituent le gros de ce que l'on appelle les « collectionneurs ».

Attention ! Ne te trompe pas. Il en va de ces gens comme de la démocratie bourgeoise. Je veux dire par là qu'ils n'ont rien de vraiment excitant; que leur commerce est aussi sinistre que les conversations de leurs épouses; mais qu'on n'a pas à ce jour, et à ma connaissance, trouvé mieux; en sorte que, pour ma part, je préférerai toujours savoir que l'avenir de l'art dépend de la bonne volonté d'un fils industriel, d'un avocat un peu louche ou d'un commerçant très riche mais pas depuis longtemps, plutôt que du choix « éclairé » de tel ou tel commissaire du peuple à la culture. Je crains qu'un ministre de ladite culture ne soit, pour un vieux pays, l'équivalent de ce qu'étaient les pace-makers pour nos grands-pères : sans eux on meurt tout de suite; mais à partir du moment où ils sont nécessaires, on sait que la fin n'est plus très loin.

Bref, ce que j'essaie de te dire c'est que toute cette restauration néofigurative tient de la revanche (de la part des imbéciles) et de la liquidation (de la part des supposés savants). Si les premiers m'ont irrité, je n'ai jamais pu vraiment leur en vouloir. Car, de gens qui ont passé leur vie à essayer de gagner du fric ou du pouvoir, on peut tolérer qu'à un certain moment ils craquent et qu'ils en aient assez des gris subtils, des géométries subjectives, de tout ce qu'il peut y avoir de forcément didactique, dogmatique et frustrant dans les exigences d'une recherche. De ceux qui, en revanche, font métier de connaître, de défendre, de comprendre ces recherches, on pouvait attendre une attitude moins collabo. Oui, je dis bien « collabo », car il est scandaleux de voir avec quel zèle certains, au lieu de garder une distance décente avec cette débâcle des idées et des goûts, se sont prêtés à ce qu'ils savaient être un mauvais coup porté à la création.

Autre comparaison un peu lourdingue, si tu m'y autorises. On peut comprendre que, dans sa voiture, en rentrant chez lui le soir, un cadre commercial ait besoin d'écouter un disque de variété plutôt qu'une œuvre de Boulez, un oratorio de Penderecki, *Music in twelve parts* de Phill Glass ou le dernier disque de Steve Reich. France Musique, en revanche, serait impardonnable de se mettre à programmer ce qui passe à longueur de journées sur les radios périphériques en y ajoutant simplement un peu de discours savant. Parole déculpabilisatrice qui ne servirait que d'alibi à l'inavouable projet de gagner un taux d'écoute supérieur.

Car c'est vraiment ça qui s'est passé. Cette figuration minable avait toujours existé. Des galeries dont nous avions honte ne cessaient de la vendre. Picabia avait son petit marché, qui survivait au hasard des ventes publiques sans que personne s'en inquiète. Un peu comme dans un coin de tête traîne parfois comme ça, vaguement caché, un relent de bassesse ou de racisme. Mais soudain, tout s'est mélangé. On a pris les bouquets de fleurs, on les a un peu remaquillés, on a trafiqué les natures mortes auxquelles on a ajouté deux ou trois clins d'œil modernes, on est allé regarder dans les vieux livres d'art deux ou trois tableaux du XVIIe siècle, genre *Tobie et ses fils*. Et le tour a été joué : tout le monde a été content sauf moi et toi — du moins je le croyais et veux encore le croire... Je n'ai jamais aimé les bouquets de fleurs. L'orange et le marron me foutent le cafard. J'aime le gris et je suis bien avec. Les cirques me rendent triste, et la foule me fait peur.

Hier soir, comme souvent, je me suis endormi, toutes les lumières allumées avec mon appareil à musique en marche. Plus tard dans le matin, un bruit de porte, des pas dans l'escalier, le blanc du jour derrière les volets, la lumière de la table de chevet m'ont réveillé... Mon appareil à musique auto-reverse... Merci auto-reverse... C'était la fin d'une *Suite pour violoncelle seul* de Jean-Sébastien Bach par Pablo Casals... Quelques minutes après, c'était Glenn Gould et une *Suite anglaise* du même Jean-Sébastien. J'ai somnolé ainsi, entre la musique et le jour. Puis j'ai arrangé mes coussins et feuilleté le livre de Frank Lloyd

Wright que tu m'avais offert. Après il y a eu le bain, la voiture, la route et, au détour d'un virage, la ville en bas, et puis surtout la mer. La Baie des Anges. Comme souvent, je me suis arrêté. Les vagues étaient gris argent. La plage et les maisons avaient ce geste tendre et courbé que tu leur connais, toutes d'air cotonneux, blanc, gris et à peine rose. Au loin, entre la mer et le ciel, un long trait jaune, chaud et brillant. Au-dessus, au milieu du ciel encore blanc, le soleil presque rouge du temps du lever. J'ai travaillé jusque vers une heure. En déjeunant, j'ai lu les journaux mais avec précaution.

La première page. Premier Mai machin. Dissensions syndicales. Lech Walesa et Elton John. J'ai vite tourné les « rubriques » : politique… social… étranger… J'ai regardé un peu le cinéma, un peu les livres, un peu la télévision. Il y avait une page peinture, j'ai vu la photo, j'ai pas lu l'article. J'avais décidé que ce lundi serait un bon lundi. J'ai quand même regardé la dernière page. Un peu de football. Un ancien gros vice-vizir qui veut être un grand vizir et qui avait déclaré un jour que les juifs n'étaient pas des Français innocents. Un prêtre catholique et l'école catholique. Un fasciste et le retour des émigrés. En d'autres matins, une seule dernière page aurait pu me troubler un moment. Mais la socca était bonne, j'étais content de mon travail et le vin de Bellet à la température exacte, pas trop chaude mais pas glacée non plus, que je lui aime. Avant d'abandonner, j'ai regardé encore. Un Polonais expulsé vers son pays sur un brancard. J'ai lu, ça m'a fait rire, d'un rire nerveux mais d'un rire quand même. J'ai pris mon cutter, bien décidé à te coller ce morceau de journal au milieu de ma lettre : « C'est sur un brancard que les Canadiens ont fini par expulser un Polonais vers son pays. Jean Niemec, quarante-neuf ans, qui déclarait préférer mourir au Canada plutôt que vivre en Pologne, avait avalé une cuiller et deux tiges de métal pour empêcher son expulsion. Mais rien n'y a fait. Après un mois passé à l'hôpital de Montréal, son état a été jugé assez satisfaisant pour qu'il soit renvoyé en Pologne où l'on devine l'accueil qui lui sera réservé. Arrivé au Canada en mars 1981, Jean Niemec avait demandé le statut de réfugié politique, qui lui a été refusé. Il avait fui son pays dix ans plus tôt et avait séjourné sans permis en Autriche. Plusieurs organismes humanitaires avaient essayé de lui trouver un pays d'accueil plus accueillant que le Canada, mais en vain. Vendredi, c'est sur une civière qu'il a été mis dans un avion des lignes aériennes polonaises. Dernières délicatesses des Canadiens : Jean Niemec était accompagné d'un médecin. Histoire, sans doute, qu'il arrive bien vivant dans la démocratie populaire qu'il avait choisi de fuir. »

Au début de l'après-midi, je suis parti vers Cimiez. Le musée Matisse. Je voulais t'envoyer la photo de cette *Nymphe dans la forêt* dont je t'avais parlé — et que tu avais aimée — dans un catalogue des musées de Nice. Naturellement elle n'y était pas. Etrange comme je ne trouve jamais les images des toiles que j'aime. Pour la millième fois, néanmoins, j'ai regardé les toiles de ce musée. Il est tout petit. Il n'est pas vraiment très riche. Mais Matisse, quelle beauté ! J'ai tort quand je m'attriste dans cette ville. Je devrais, ces jours-là, venir ici. Matisse m'apaise, me réconforte. Voir Matisse en ces temps, c'est vraiment important.

Encore qu'écrire : « Matisse, quelle beauté ! », c'est à la fois vrai et faux; et qu'il faut bien préciser de quel type de beauté il s'agit. Matisse c'est la beauté de l'intelligence. C'est, me semble-t-il (et je dis : « me semble-t-il » parce que je dois être prudent quand je parle de musique) comparable à Jean-Sébastien Bach. Je vérifie dans cette peinture ce que je devine dans cette musique : la lente mais certaine vérité des sentiments et des plis de l'âme qui s'accordent, se renforcent et se confrontent à l'intelligence d'une pratique, à l'histoire réfléchie de cette pratique — la dessinant à nouveau, l'épurant, la dépassant. Quand une toile de Matisse est belle, c'est qu'elle est forte de la beauté de l'intelligence. Et ça, c'est capital.

Picasso... Matisse... L'homme de juillet 44 avait dit : « Picasso m'étonne toujours, Matisse m'ennuie souvent. » Une fois de plus : leur plaisir et mon plaisir à moi. Marguerite Duras l'ennuyait : moi c'est le reste qui m'ennuie. Picasso... Bien sûr qu'il y a de belles toiles de Picasso ! Mais derrière la beauté de Picasso, il y a souvent, trop souvent, ce que j'appelle le réflexe surréaliste, un œil au milieu d'une main, un pied collé sur une oreille. Quand j'aime un Picasso, c'est un peu comme pour certains livres, certaines photos de paysages où je n'irai jamais, un plat au hasard d'une carte de restaurant chinois, une musique dont je ne connais pas la partition : une heure ou un an après, je pourrais regarder ça avec indifférence et jamais je ne le retrouverai avec la même joie que certaines toiles de Matisse, le petit dessin du Louvre de Paolo Uccello ou un feutre de Robert Morris.

Enfin, bon, j'étais là, dans ce jardin que j'aime, dans cette large oliveraie grise que je préfère peut-être les jours de pluie. Comme je ne quitte jamais Cimiez sans aller voir les Bréa, je suis entré dans l'église du monastère. Le retable qui, normalement, est à sa place, à gauche de l'autel, n'était toujours pas revenu de Paris. C'est trop long. Ce tableau me manque. En remontant dans la voiture, j'ai pensé au soir. J'adore Nice le jour, les palmiers, la douceur de l'air, les fruits du marché. Mais les soirées sont dures. Paris me manque. Je me sens très seul, quand la nuit arrive. J'aime mes amis d'ici, mais le soir et la nuit j'aime parler, parler des choses que j'aime dans la journée — et ça, c'est pas facile... Alors j'ai décidé de rentrer, de partir, de partir en train. Car j'aime le train aussi. J'aime l'avion et j'aime le train. J'aime les brunes et les blondes. J'aime les maigres et les grosses. J'aime les grandes et les petites. J'aime Nice et Paris. Cette phrase à toi, cette manière de chanter au téléphone le matin, quand mes absences de la nuit t'avaient dit mon inconstance : « Irrégulier, irregulare, mon ami, elle était brune, elle était blonde, elles étaient deux... » Il n'y a que pour la peinture que je varie peu.

Le quai de la gare était presque vide. Faisant

les cent pas, il y avait un homme qu'il me sembla reconnaître. Maire d'un village au-dessus de Nice, conseiller général et sénateur, centriste, intérêt local, petite combine, petite magouille. Il y a vingt ans, c'était tout ce que je haïssais. Aujourd'hui le temps et l'histoire et la carte du monde — telle que la dresse Amnesty International dont le président, soit dit en passant, s'est vu décerner le prix Lénine de la Paix et l'a accepté, ce qui veut tout dire — m'ont appris que c'est à des hommes comme lui que, sans romantisme, sans enthousiasme peut-être, mais réellement, des hommes comme moi, attachés à la liberté, doivent de pouvoir la vivre pleinement. Ces « démocrates bourgeois » que nous vilipendions les soirs de réunion de l'UNEF et de l'UEC, quand je les croise sur les quais de gare, j'enlève mon chapeau même si je n'en ai pas. Hegel a cru voir passer l'histoire, portant bicorne, un matin dans une ville allemande : j'ai croisé la liberté, moi, à travers ce petit personnage, sur le quai de la gare de Nice.

Arrivé dans mon compartiment, souvenir de Che Guevara... Tricontinentale... Alger, janvier 64... On lui offre des jouets pour ses enfants, il les refuse, il sera donné aux flics boliviens, quelques années plus tard... Lui je l'aime toujours... C'était pas un politique, c'était un artiste. Il en est mort. Il est préférable pour un révolutionnaire de finir en martyr plutôt qu'en fasciste.

J'ai peu dormi dans ce train, comme toujours. Le jour se lève et Paris n'est plus loin.

De longs champs de brume suspendus au marais. Des peupliers en lignes encore pris dans l'hiver. Blanc argent, taupe velours, gris à peine plus soutenu dans le pâle du matin. A la fenêtre du train le jour se lève sur la campagne de France.

(Je ne veux surtout pas savoir si je vais te téléphoner ou ne pas te téléphoner.)

Le silence et le froid du paysage arrivent jusqu'à ma couchette. Les couleurs du dehors gardent longtemps la douce indécision de ces heures en cette saison d'ici. C'est à peine si le dessin d'un champ, la courbe d'une colline, le trait déjà brillant d'une vague rivière font avancer le train avec le paysage. Comment ai-je pu rester si longtemps loin des gris d'ici ? Ces brumes me caressent et commandent à mon corps. Paris dans une heure. L'odeur de café qui est celle de toutes les gares au matin, et la ville retrouvée aux vitres du taxi. J'espère qu'il va pleuvoir sur la place d'Alésia. Cette pluie que je maudis, je la veux aujourd'hui. Le bleu du ciel n'ajouterait rien à celui que je viens de quitter. Et peut-être et surtout serait mal assorti à la manière que j'ai, en pensant à tout ça, de ne penser qu'à toi.

Ton vieux manteau de pluie, ton col relevé et ton carré de soie, tes gants de peau trop souple et de coton tressé. Ton visage sous la pluie et la pluie sur tes lèvres, comme une larme. Comme avant.

PARIS

Vide. Vide et en silence. L'appartement comme la ville. L'immeuble comme le quartier. C'est à peine si me parvient depuis là-bas, du côté de la rue, le bruit d'une voiture qui traverse la place. Je devine le dessin rouge et droit depuis l'avenue du Général-Leclerc jusqu'à l'avenue du Maine.

Je suis dans ces pièces qui donnent sur la cour et qui me servent d'atelier. Je regarde le tabouret haut, de chrome et de blanc, siège-tracteur où tu venais t'asseoir et regardais le temps où l'apprêt mouillant et le geso, la terre d'ombre et le bleu outremer se mélangent, se caressent, se déposent au hasard des toiles, des projets, des dessins.

Le tabouret est vide. Il est un peu plus de quatre heures du matin. Depuis une heure déjà je ne pouvais dormir. J'ai commandé hier soir un taxi pour six heures. Je prendrai donc le premier avion. Il me reste presque deux heures pour venir te dire, te dire cette semaine ici. Cette nouvelle semaine sans toi ou plutôt cette nouvelle semaine de ton absence.

Et cette semaine tu m'as manqué très fort, au moins trois fois. La dernière, c'était hier matin quand j'ai eu fini la grande toile d'acier et de fusain brun et rouge dont j'avais eu l'idée devant un dessin de Raphaël. Elle était là, terminée, le vernis passé, accrochée au mur. Je la regardais longuement. Je la trouvais belle. Elle me donnait la joie que me donnent les toiles qui, lorsque je les ai achevées, ressemblent au rêve que j'en avais avant même qu'elles ne commencent. Il ne lui manquait qu'une chose : ton regard — et puis ce geste de ta main dans tes cheveux qui voulait dire : « c'est bien ». Cette idée m'a un peu énervé. L'idée que quelqu'un d'autre soit nécessaire à mon travail et que j'aie comme ça, sans m'en aviser, laissé s'installer la chose, m'apparut inacceptable.

La deuxième fois c'était l'autre matin, à l'angle de la rue Jean-Nicot et de la rue de l'Université dans le hall de ce conservatoire de musique dont nous avions depuis de longs mois, dans le vide des dimanches après-midi où j'étais à Paris, surveillé la construction. Le hall était plein de monde. Et réfugiée dans un coin il y avait ma sculpture. J'étais malheureux de la voir ainsi. J'aurais voulu la voir ailleurs, au centre d'un espace. J'aurais aimé qu'on pût tourner autour, mieux la comprendre. Et j'avais envie de partir. Si tu avais été là je l'aurais fait... Le maire de la ville a parlé longuement de l'architecture. Semblable, en ceci, à Pompidou, comme à l'actuel Président, il a eu l'air d'avoir compris que la seule chose qui reste d'un homme politique c'est ce qu'il a fait construire. Il n'a pas dit un mot, en revanche, sur la sculpture et j'en ai été vexé.

Et puis il y a eu la première fois, la plus forte. Il y avait au Grand Palais l'exposition, dont nous nous étions tant réjouis, de cette collection américaine venue de Houston. J'étais arrivé comme d'habitude un peu avant dix heures pour ne pas faire la queue et ce temps de l'attente avait été pénible. J'ai même pensé un certain moment revenir le lendemain. Et puis non, je suis entré... J'imagine que tu y es venue quelques jours avant moi et je n'ai pas grand-chose, donc, à t'en dire sinon que je ne comprends toujours pas comment on peut aimer la peinture stupidissime de Magritte et de ses copains surréalistes et, en même temps celle de Franck Stella ou Cy Twombly; ou sinon, encore, que j'aimerais bien savoir si, comme moi, tu as préféré la petite vitrine où, dans le même espace enfermées, une aquarelle de Cézanne répondait à deux statues des Cyclades. Envoie-moi donc un mot avec simplement oui ou non. C'est important... D'ailleurs non, n'envoie rien. Ce n'est pas si important.

De l'autre côté du trottoir, il y avait, ce jour-là, l'exposition Bouguereau. Je savais que c'était inutile : mais, avec mon côté appliqué, mon côté paysan, j'ai traversé la rue et j'ai vu, donc, Bouguereau. Ainsi le numéro 117, la toile qui s'appelle *Premier deuil*. Elle est de 1888 et elle appartient au musée des Beaux-Arts de Buenos Aires. J'espère que le jour où les Argentins retrouveront des rapports normaux avec les Anglais ils s'empresseront de la leur offrir. Bouguereau là sur les murs... Au Grand Palais, à trois mètres, une toile de Claude Monet : *Coucher de soleil à Lavacourt*, 1880... Comme si c'était normal ! Comme si on pouvait mettre Bouguereau à côté de Claude Monet !

Il n'y a qu'avec la peinture que le monde se permet, en fait, de pareilles vulgarités. Magritte et Franck Stella, Bouguereau et Claude Monet.

Comme à ta soirée, l'invitée à la trentaine triomphante qui parlait de Delvaux et Balthus parce qu'elle avait probablement remarqué qu'il y avait des femmes nues chez tous les deux. C'est terrible ça. Terrible comme le nombre de préfaces faites par des écrivains que je respecte pour des peintures qui ne sont pas respectables. Tu vois un peintre dire qu'au fond Paul Bourget c'est aussi important que Proust ? Il faudrait que ça cesse, tout de même, ces choses-là. Il faudrait que cesse cette manière qu'ont les peintres — et je crois qu'ils en sont en partie responsables — de s'inscrire dans la société.

Il est fréquent et heureusement admis qu'un écrivain de qualité puisse, dans les journaux de qualité, parler d'un livre qu'il vient de lire ou, longuement, de son propre travail. Alors que trop souvent — et je m'en rends compte au hasard de conversations — les gens vivent sur l'idée, pas forcément formulée, qu'un peintre un peu cultivé, c'est louche; qu'un peintre qui écrit, c'est un peintre qui peint mal; et que la règle c'est Gleizes qui écrivait joliment sur le cubisme et qui faisait de la mauvaise peinture, alors que Picasso faisait de la bonne peinture sans jamais réfléchir à son art. Quelle erreur ! La peinture de ce siècle, celle qui compte, celle qui a fait qu'en ce siècle un espace nouveau s'est défini, un vocabulaire nouveau s'est mis en place, celle qui a fait de nos temps des temps de rupture comparables au seul Quattrocento, cette peinture-là n'a jamais cessé de réfléchir et d'écrire et de parler de la peinture... Le Bauhaus... Tout le Bauhaus... Malevitch... Les Polonais autour de Streminscky, Paul Klee, Matisse lui-même, Tapiès et j'en oublie... Picasso, qui n'a pas écrit, n'a su que terminer une époque, une peinture, un vocabulaire. Il l'a fait avec force toujours, avec génie souvent, avec intelligence quelquefois — mais de l'intelligence du passé de la peinture, pas de son avenir.

Bon. Bouguereau était en train, donc, de me foutre en l'air ma journée. Mais grâce au ciel, comme toujours quand je ne suis pas vraiment heureux dans ma vie, la vague tristesse qui m'envahissait me calmait. J'arrivais presque à me faire une raison. Et si Bouguereau me faisait naturellement penser à nos petits Bouguereau d'aujourd'hui, c'était sans pour autant que ma tête se déballe en réflexions rageuses. Tout ça est normal, me disais-je. Magritte faisait ses cochonneries en même temps que Kurt Schwitters faisait ses collages. L'abstraction américaine que j'aime, le nouveau réalisme européen qui est malgré tout respectable, les « minimals » du début des années soixante-dix, tout cela était contemporain de phénomènes pseudo-artistiques débiles. Et si je suis un bon peintre ce ne sont pas ces imbécillités à la mode qui m'empêcheront de faire de la bonne peinture.

Avant de voir cet expressionnisme Facteur Cheval mélangé de sous-Chirico, j'ai vu à Kassel une Documenta envahie de ce qu'ils appelaient l'hyperréalisme. Les gens ne parlaient que de ça. Ça se vendait très très cher. Mais les marchands respectables n'avaient pas osé marcher dans cette combine. Les temps n'étaient pas encore à la crise. J'y ai même vu un pauvre type se jeter front en avant contre un coin de mur. Ça a duré de longues minutes. Son front enflait, saignait. Et c'était assez terrible de voir cette chose, qui était après tout un être humain et qui se prenait pour un artiste, se blesser de cette façon pour essayer d'acquérir un peu d'existence. Cette peinture d'aujourd'hui que je méprise n'est, tout compte fait, pas plus pitoyable que les bêtises de ce genre.

Il y avait aussi ce truc assez comique, un peu plus propre, un peu plus moderne peut-être, avec son côté « surréalisme chic » : l'Art Conceptuel. Ça aussi, les idiots avaient adoré. Il y avait une idée, une seule par toile, faut pas être extrémiste.

Et en plus, souvent c'était écrit sur la toile.
(Comme cette toile de Magritte à Düsseldorf, *la
Géante*. Un coin de chambre, un monsieur petit
de taille, une dame très grande, forcément, la
toile doit mériter son titre. Et à côté, collé à
même la toile, le poème de Baudelaire qui
s'appelle « la Géante ».) Tout le monde était
heureux. La littérature et la peinture y trouvaient
leur compte. « Vous voyez, cher monsieur, cette
toile s'appelle *Tobie et ses enfants*. Naturellement
on ne voit pas beaucoup Tobie ni ses enfants,
parce que je suis un peintre d'aujourd'hui, qui
n'a pas honte de son siècle. Et puis dans le coin,
vous voyez que j'ai écrit le titre, moitié en latin,
moitié en français... » Ah ! c'est fou ce que ces
gens peuvent aimer la culture ! C'est fou ce qu'ils
ont su rester simples ! Ils ont mal à la tête, ils le
disent. Van Gogh se coupait une oreille, il en
faisait une toile. Munch était malheureux, il y
allait lui aussi de sa petite toile qui s'appelait : *le
Cri*. Tout le monde a compris. Tout le monde est
content. Le seul petit problème étant que,
lorsque Cézanne se faisait mal aux pieds en
marchant malgré son âge dans les pierres de la
campagne aixoise, il pensait surtout à la peinture ;
et que c'est quand même mieux ainsi.

Me diras-tu que tout ça procède d'un bon

sentiment ? que les gens sont hantés par une époque où, pendant que Gauguin et Van Gogh crevaient, ceux qui achetaient de la peinture achetaient par exemple des Bouguereau ? et qu'il y aurait là une peur respectable de rater à nouveau le présent ? Cette peur s'accompagne, à mon avis, de trop de lâcheté pour mériter vraiment le respect...

Mais cessons de plaisanter, Soledad. Il faisait beau dans Paris cet après-midi-là et j'étais arrivé à pied jusqu'au jardin du Luxembourg. Il allait être une heure. Je n'avais pas faim. Il y avait du soleil. J'ai choisi une allée un peu isolée. Une chaise. Je me suis assis. Et vlan ! C'est reparti ! Et je me suis remis à m'énerver à propos des chaises et des fauteuils... Car il y a *aussi* un phénomène de mode, tu le sais bien, pour les chaises et les fauteuils. La même unanimité frileuse. Le même regard littéraire, surréaliste. Ce qui m'a frappé dernièrement en regardant les hebdomadaires dits « de droite » et dits « de gauche », c'est de trouver à peu près le même article vantant les mêmes meubles : le canapé-lèvres de Man Ray; de vagues méridiennes-canapé, vilain plastique, petits drapeaux de métal; des tables et des chaises dont le seul mérite est d'avoir des pieds en forme d'énorme

stylobille; ou encore ces tabourets fausse four-
rure, faux marbre, fausses dorures, genre clin
d'œil et baroque faussement cultivé. Ces mêmes
meubles dont parlait avec tant de ferveur, chez
toi, le soir de notre rupture, le directeur
artistique, Cancer milneufcentquarantequatre.

Ma conviction, vois-tu, c'est que la manière
qu'a cette société d'accueillir cette peinture
nouvelle n'est pas indifférente à la disparition de
ce qui s'appelait le Design. Les chaînes de
magasins de meubles, il y a encore dix ans,
vendaient du genre Bauhaus cuir et chrome. Ce
n'était pas toujours très réussi, mais c'était tout
de même mieux que le retour réactionnaire des
« Provinciales » : achetez donc la commode en
bois clair ou le fauteuil Voltaire de nos grand-
mères... Dieu sait si j'aime ma grand-mère, mais
cela aussi m'a fait braire.

Dans le genre grave il y avait déjà eu, il y a un
an, le bouquin d'Umberto Eco et son interview
dans *Libération*. Deux pages d'un type satisfait,
content de lui, de son livre, de son village d'Italie
et de la gloire que ses concitoyens lui reconnais-
saient. Un million d'exemplaires, parlons-en !
Un salaud selon Sartre c'est quelqu'un qui fait le
mal en sachant que c'est le mal. Or ce type qui
avait produit dans les années soixante un remar-

quable essai sur les différentes manifestations artistiques de la modernité a pondu, vingt ans après, un livre qui pue le calcul, les recettes. Quelque chose comme un produit de marketing médiéval-spaghetti. Il fait le modeste. Il s'étonne de son succès. Alors qu'il est tranquille, à toucher les dividendes du Sida. Pourquoi le Sida ? Parce que tout ça va de pair. Et que cette maladie réservée aux homosexuels, cette étoile rose scientifiquement vérifiée est métaphysiquement contemporaine du meuble décadosurréaliste, du retour au patois, des nouvelles figurations et du roman historique planifié.

J'ai quitté le jardin du Luxembourg. Je suis revenu jusqu'ici. Alésia. A la hauteur de la sortie du métro, devant les cinémas, il y avait quatre ou cinq grosses motos arrêtées et, autour, des filles et des garçons. Blouson de cuir noir pour tout le monde. Quelques cheveux roses et jaunes pour deux malheureuses. Coiffure Elvis Presley pour presque tous les garçons. Elvis Presley... Cette grosse chose immonde, rose et pailletée — voilà encore un phénomène que je n'ai jamais compris ! Il y a quelques mois j'ai vu, à la télévision, un vieux film avec ce type. Le film s'appelait, je crois, *le Rock du bagne*. Une fille assez bien, intelligente, cultivée rencontrait, je ne sais plus comment, une espèce d'abruti vaguement délinquant et fier de l'être, qui n'avait pas envie de changer. Et c'est l'idiot qui devenait le héros positif. Et ça c'est intéressant. Intéressant de voir comment une société, à un certain moment, met en avant des valeurs, des conduites qui nient les propres valeurs qui ont fait sa raison d'être et sa gloire.

Il y a eu aussi *Orange mécanique*. Tu te souviens ? Cette maison, belle. Ce couple avec des livres. Et des mecs, débris débiles, qui viennent et qui cassent tout. Quelques scènes plus loin, une femme avec une sculpture. Elle leur dit que c'est de l'art. Et, de nouveau, ils cassent tout : la sculpture et la femme. C'est du fascisme ça. C'est du fascisme pur. Et ce film était l'apologie de ce fascisme contre tout ce que j'aime et respecte. Tout le monde avait trouvé ça bien, pourtant. Je crois même qu'il avait eu un prix à Cannes.

A propos de cinéma, toujours, tu sais cette manière que j'ai de déchirer dans les journaux une phrase, une image et de les jeter au hasard d'une table ou entre deux livres avant qu'une grande période de rangement me fasse tout balancer. J'ai retrouvé ainsi, cette semaine, deux coupures du *Matin de Paris* du 30 novembre

1981. Il s'agit de deux films. L'un est de 1955, l'autre de 1975 : vingt ans les séparent. Lis donc. *Sabrina* de Billy Wilder : « La fille du premier domestique d'une richissime famille américaine est arrivée à l'âge d'aimer. Bien entendu, elle intéresse le fils cadet, play-boy professionnel qui ne songe qu'au plaisir de vivre. Et c'est pourtant le très sévère aîné des frères Larabee, curieusement joué par Humphrey Bogart, qui l'épousera pour le meilleur bien entendu. Wilder ne retrouve pas ici son habituelle veine corrosive mais le film reste une charmante comédie avec de merveilleuses scènes de cours de cuisine française vus par Hollywood. » L'autre, *la Toile d'araignée* de Stuart Rosenberg : « Mariée à un riche homosexuel, la mère d'une fille nymphomane, Iris, ploie sous l'autorité d'Olivia, l'aïeule de la famille Devereaux, laquelle passe bientôt l'arme à gauche après qu'on l'y eut un peu aidée. Ce résumé donne bien le ton très années soixante-dix de cette toile d'araignée tissée à une époque où le mélodrame américain n'avait pas peur d'en rajouter. Inutile de dire que tout cela donne un film très plein. »

Le monde a changé, n'est-ce pas, Soledad ? Il faut en sourire. Il va être six heures du matin. Je te quitte et je t'embrasse.

VENISE

La femme dont on est amoureux depuis deux jours, New York la première fois qu'on en revient, Venise chaque fois qu'on y retourne. Il y a, comme ça, des choses dont on ne peut rien dire parce qu'on en dit toujours des bêtises. J'ai passé trois jours à Venise. Je ne te dirai donc pas qu'au sortir de la gare et des restes de pluie et des restes de brume lavissaient les façades des palais, l'eau calme du canal et le geste des femmes.

Je ne te dirai donc rien du gris du Vaporetto par son plus long chemin, ni des gestes de l'homme à la corde arrêtés à chacune des stations. Rialto, San Marco, le Pont des cartes postales et les plombs du pervers, la rive des esclaves, le marbre de l'hôtel.

Je n'arriverai pas à te parler, non plus, de

Saint-Georges le Majeur à l'exacte embrasure de la fenêtre de la chambre.

De la même manière encore, il me serait trop difficile de te décrire la nudité dessinée des Procuraties et la géométrie blanche des plis de la nappe sous la vaisselle du Florian. Temps-thé, temps-toast, temps-sucré, velours grenat abandonné.

Mais Pollock, en revanche... Jackson Pollock dans les couloirs de l'Accademia, comme on m'avait dit au téléphone... Pollock donc et l'Accademia... Sans en avoir le souvenir parfait, aucun des tableaux ne m'était vraiment inconnu. C'étaient ceux de la collection Guggenheim présentés ici pour raison de morte-saison. Un par un, je les regardais tous. Et vous voilà encore une fois qui revenez toi, ta soirée, et cette femme qui disait : « Ah ! les Pollock de la fin. Ah ! les Pollock de la dernière salle au Centre Pompidou, quelle merveille ! » Pollock en meurt, madame, de ce que vous appeliez « merveille »...

Car on voyait bien, en visitant l'exposition, que les choses étaient simples. Il y a une première partie du parcours où il est moitié Masson moitié pas grand-chose, ce qui ne fait de toute manière et au total pas beaucoup. Il y a comme un accident ensuite, comme une invention géniale —

c'est le Pollock de la force, le Pollock du triomphe de Pollock : le numéro 32; la grande toile du musée de Düsseldorf, de ce petit musée tout rouge où toutes les toiles sont superbes : *Automn*; *Rythm*; *Nombre 30* (1950); presque par-dessus tout : *One number 31*; celle du Moma : *Gift of Sydney Janis* (1968); et puis : *One*, du Metropolitan; oui, *One* la première. La seule peut-être. Mais quelle toile ! Quel coup de force dans la tête de la peinture ! Je t'en reparlerai. Restons dans l'exposition. Et arrivons à la dernière salle.

La dernière salle c'était quoi ? C'était je crois quatre toiles. *Blue Poles*, en face. Quand on arrivait sur la gauche : *Portrait and a dream*. Sur la droite : *Easter and the Totem*. Et sur le dernier mur, juste avant la sortie : *The Deep*, une des vraies belles toiles du xxe siècle qu'on peut trouver au Centre Pompidou. Eh bien, *Blue Poles*, ça veut dire encore Pollock refaisant Pollock, en couleur, en plus joli peut-être, mais avec moins de force, moins d'intelligence du noir et blanc que dans la toile de Cologne ou l'élégante *One*. *Easter and the Totem*, c'est l'enfant malheureux et pas vraiment raté de Matisse et de Picasso; c'est Pollock qui, avant sa mort, regardait encore du côté de l'Europe.

Portrait and a dream, c'est Pollok à l'envers de Pollock, qui n'est plus à la hauteur des formes enfin trouvées, qui confond la forme et la figure et retrouve un visage comme un enfant trop vieux sur les ombres d'un mur. Et puis la quatrième, c'est la plus belle de la salle. Une des plus belles de Pollock. Celle où il aurait pu aller plus loin encore, s'il avait osé la fermer complètement, saturer les drippings, arriver jusqu'au blanc. Pollock le monochrome. Mais ça, il n'a pas pu. Il n'a pas su la refermer complètement. Alors il est sorti dans la rue, il a pris sa voiture et il a pris du vin. Comme de Staël. Comme Yves le monochrome avait pris son cœur. Tordue, cassée la voiture au bord de la route. Tordu, cassé, le cœur au milieu de la peinture. Il y a des gens qui meurent d'amour et d'autres qui meurent de peinture. C'est plus rare, mais c'est tellement plus fort.

Revenir dans la chambre d'hôtel. Pollock encore. Réfléchir à la peinture à partir de Pollock. L'autre soir j'ai eu tort. Je n'aurais pas dû parler avec ces gens, écouter ces gens, je veux dire tous ces gens. Nous étions six, et il y en avait trois de bien. Toi bien sûr, moi et puis cette femme qui m'énervait avec ses histoires de racines, mais qui avait l'air d'aimer Dieu. C'est tellement important ! Les trois autres devaient être athées, avec cette insolence un peu vulgaire que donne la fausse intelligence. Ceux qui confondent le calcul et la réflexion. Ceux qui pensent en comptant sur les doigts de leurs mains. Ceux qui ricanent devant l'Immaculée Conception. Ceux qui n'aiment pas la Vierge Marie parce qu'elle était juive et qui n'osent pas le dire. Les athées, avant d'être de pauvres types, sont surtout des imbéciles, des gens qui pensent en regardant leurs pieds, en mesurant le monde comme on compte les kilomètres. Ces gens qui savent toujours combien d'heures on met en voiture pour aller de Milan à Venise parce qu'ils regardent leur montre en visitant les églises et qui, devant la peinture, préfèrent lire à leur femme les lignes qui s'y rapportent dans leur guide de voyage. Il y avait donc cinquante pour cent des gens dans ta soirée qui étaient bien. Pas mal pour une soirée. Soyons juste, il y avait surtout cette femme qui avait essayé de dire quelque chose sur Pascal et parlait avec intelligence de Tapiès, de Soulages. Je crois même qu'elle avait fait une remarque assez juste sur les collages noir et blanc de Chillida. Avec elle j'aurais peut-être pu expliquer ce que j'avais pensé en visitant l'exposition Pollock à Paris, ce que je viens de retrouver en regardant ces quelques toiles dans les couloirs du musée. Une aquarelle de Turner, les *Nymphéas* de Monet, la dernière *Sainte-Victoire* de Cézanne, le carré blanc de Malevitch, le geste de Pollock, un motif-projet de Matisse pour la chapelle de Vence, une aquarelle de Klee, un blanc, un rouge, un bleu, un jaune de Mondrian et de Newman, un noir de Rothko, un morceau de tôle de Kobro, l'avènement des temps nouveaux pour la peinture...

Le Quattrocento, ce moment où tout bascule au xve siècle et qui vient se brûler à la folie Picasso en plein xxe siècle, c'est en gros une cinquantaine d'années. Des carrés blancs de Malevitch à la bleue et blanche *Vague* de Matisse au musée de Cimiez, il y a, en gros, aussi cinquante ans. Cinquante ans qui ont fait trembler la peinture, qui l'ont renversée, redéfinie, la tête en bas, sur d'autres pieds, sur d'autres lois. Cinquante ans qui ont choisi ses nouvelles couleurs, choisi son nouvel espace, cinquante ans qui sont là, derrière nous. C'est-à-dire juste devant nous, devant nos feuilles de dessin blanc, devant nos toiles à venir, entre nos mains. Nous sommes des peintres à l'aube d'un autre xvie siècle. Il n'est pas plus fou de croire en une autre

Renaissance que de parler de fin du monde. Et nous avons assez ri, n'est-ce pas, quand, au hasard d'une bibliothèque amie nous avons trouvé un jour ce livre sur la mort de l'art qui sentait si fort la bêtise soixante-huitarde et le faux génie et le vrai ringard, pour ne pas parier, résolument, sur la Renaissance.

Ils sont à nous les carrés et les cercles, elles sont à nous les formes sans béquilles — sans béquilles du réel, sans béquilles du vécu, sans béquilles des histoires, sans béquilles de la littérature dont parle Barnett Newman.

Ils sont à nous les rouges, les jaunes, les bleus, les blancs, les noirs, les gris qui viennent de notre tête et des aéroports et des centrales nucléaires et de l'acier de Mies Van der Rohe.

Elle est à nous cette histoire de la peinture qui peut s'offrir le luxe — avec celle des idées, de la musique, de la mathématique — de ne point en avoir; je veux dire de ne point avoir d'histoire comparable à celle de la machine-outil, de la montre, des éclairages ou du pouvoir politique.

Elle est à nous cette histoire qui fait de chaque peintre, pour peu qu'il le veuille, qu'il en ait la force et que Dieu ne l'ait pas déserté, de pouvoir à chaque fois la recommencer.

Ils sont à nous les visages du Pontormo parce

qu'ils sont tout sauf des visages, l'or de la Salute dans le gris de la nuit, un morceau de bois de Venise, ceux qui sont dans l'eau, tout près des rives, pour autant que, comme Monet, on sache les regarder d'un regard de peintre, sans les décrire, en leur faisant traverser le paysage du haut de la toile au bas de la toile, en les peignant à plat.

Ils sont à nous les ors baroques, les marbres pour le marbre, volumes par le volume, les aciers, les bétons.

Ils sont à nous les détails de nos jours, nos mémoires fragiles, nos nostalgies de fin de journée, l'odeur de l'automne à New York, le blanc des fleurs à Marrakech en janvier, les soies d'une robe d'une femme au printemps, les bleus du ciel et de la mer une nuit de plein été.

Ils sont à nous les jardins japonais, les femmes des Cyclades, les hauts monuments de l'Egypte, les carrés de Lascaux. Tout cela nous appartient à la seule condition de ne jamais oublier que c'est au nom de la peinture que nous pouvons les regarder; et que c'est à son nom que nous devons les redonner; et que c'est dans sa seule logique, dans sa difficile et exigeante définition que nous nous devons de les rejouer.

Quand j'étais étudiant en philosophie, il m'est

arrivé d'avoir de longues conversations à propos de la célèbre phrase de Hegel sur la chouette de Minerve qui ne prend son vol qu'à la tombée du jour. La question était, en gros, de savoir s'il existait vraiment des moments de l'activité des hommes qui disent une époque dans sa fin ou dans son commencement. Je ne sais plus rien de la philosophie, si tant est qu'autrefois j'en aie deviné quelque chose. Mais regarde, Soledad, regarde. Souviens-toi de ce carré de Malevitch... Souviens-toi de ce commentaire de Francastel à propos de la toile de Lorenzetti, *les Effets du bon gouvernement dans la ville*. Cette toile annonce le Quattrocento comme une aquarelle de Turner les blancs de Malevitch. Et Francastel, si je me rappelle bien, voyait sa nouveauté dans ce que le peintre y avait entrevu la possibilité de *représenter* le monde d'une manière plus vraie, plus réelle, plus figurative, rompant ainsi avec une habitude qui était de le *signifier* à travers des conventions et des habitudes picturales.

Serait-il tout à fait faux de penser que ce moment de la représentation, que cette direction ainsi donnée par le Quattrocento à l'œuvre des hommes vers le monde, a porté leurs rêves et leur gloire pendant de longs siècles ? qu'aujourd'hui, en ce siècle, la question posée en sa fin se trouvait déjà évidente dans les carrés de son début ? qu'une huile de Malevitch, dans son ascèse, nous signale déjà la vérité, les urgences de notre époque ? Serait-il vraiment faux de penser que nos vrais paysages victorieux seront les pièces de béton et de luxe de Tadao Ando plutôt que les grands huit affolés des Lunaparks bruyants où, de divertissement en divertissement, de plus en plus fort et de plus en plus vite, l'homme se perdra à oublier sa mort à la fin du manège ?

Dans la chambre il y avait un frigidaire et une jeune fille libérée que j'avais trouvée au musée. J'ai demandé à la jeune fille d'ouvrir le frigidaire, de me servir à boire, d'être gentille avec moi. Elle fut vraiment gentille. Ensuite je pris une douche et nous eûmes juste le temps d'arriver sur le toit de l'hôtel avant qu'on ne ferme les cuisines. Le soleil était là et la terrasse presque vide...

La femme qu'on aime depuis deux jours. La première fois qu'on revient de New York... Chaque fois qu'on retourne à Venise... On dit tous presque toujours la même chose. Ce n'est jamais vraiment original ni très intelligent. Peut-on parler encore de Carpaccio, de la chapelle derrière Saint-Marc, de ses toiles mal éclairées, de ses ocres, de ses hommes à la coiffe rouge qui soufflent dans leurs rondes trompettes, de son silence ? La peinture comme un temps, comme une expérience. Vivre avec, regarder encore. Les courtisanes dans un coin du musée Correr. Pourquoi j'aime Carpaccio et pas les bandes dessinées et les meubles bandes-dessinées ? Tiens ! Et si on en parlait des meubles bandes-dessinées ? Et des gens qui pensent que la modernité c'est plutôt le mauvais skaï des années cinquante que la rigueur toute janséniste d'une chaise de Charlotte Perriand ? Non. Je serais trop vulgaire si je consacrais plus d'une minute aux années cinquante et aux bandes dessinées dans les rues de Venise.

J'ai marché jusqu'à l'Arsenal. Les deux lions. Un peu plus loin, près d'un commissariat de police, un bar au plafond bas où le vin blanc était excellent. La place, à nouveau. Et la chambre. Et Saint-Georges à la fenêtre. Et pourquoi j'aime Carpaccio. Et pourquoi les gens n'aiment pas ce que j'aime. Et pourquoi tu aimais, toi, les choses que j'aimais. Au fait, les aimes-tu encore ?

Après, il y eut encore une autre nuit et puis une autre journée, faite de longues promenades. Un après-midi au Lido. Marcher tout près du sable et traverser la lagune au bruit du Vaporetto.

Après, il y eut une autre nuit, des poissons, des vins blancs, de la musique à la Fenice et une journée trop longue. Tous ces gens dans Venise qui courent, qui vont et qui travaillent. Des affiches politiques, une fin d'après-midi où le motoscafo tarde à arriver.

Et puis une dernière fois Santa Lucia près de la gare. Des cierges encore allumés. Une place dans le ghetto. Et puis ces maisons hautes, deux enfants qui jouaient, un chat qui traversa la place en me regardant. A nouveau les boutiques, du cuir et des chandails, des panini et du vin blanc.

Les copains et les copines des vacances de l'enfance. Le Pyla. Arcachon. Bugeaud. Autres villes englouties à dix kilomètres de la mer, à huit cents mètres d'altitude, une forêt de chênes et des chênes-lièges, une véranda verte, une grand-mère encore jeune, un enfant de six ans qui mangera des boules de houx avant la fin des vacances. Les copains et les copines des vacances de l'enfance, les adresses échangées au bord du lac d'Annecy ou sur une berge anglaise. On s'écrira demain, on s'est jamais écrit, on s'est jamais revu. Des photos un peu bêtes sur une jetée de bois et d'acier, un prénom anglais, on s'écrira demain.

Quand je quittais Venise autrefois, je disais

toujours : je reviendrai avant six mois. Je sais aujourd'hui que Venise fait partie de ces lieux, de ces gens — comme toi — avec qui on ne choisit pas ses habitudes. Il faut les rencontrer au hasard, les quitter sans savoir, ni mesurer son temps, ni regarder la lagune, — s'en aller.

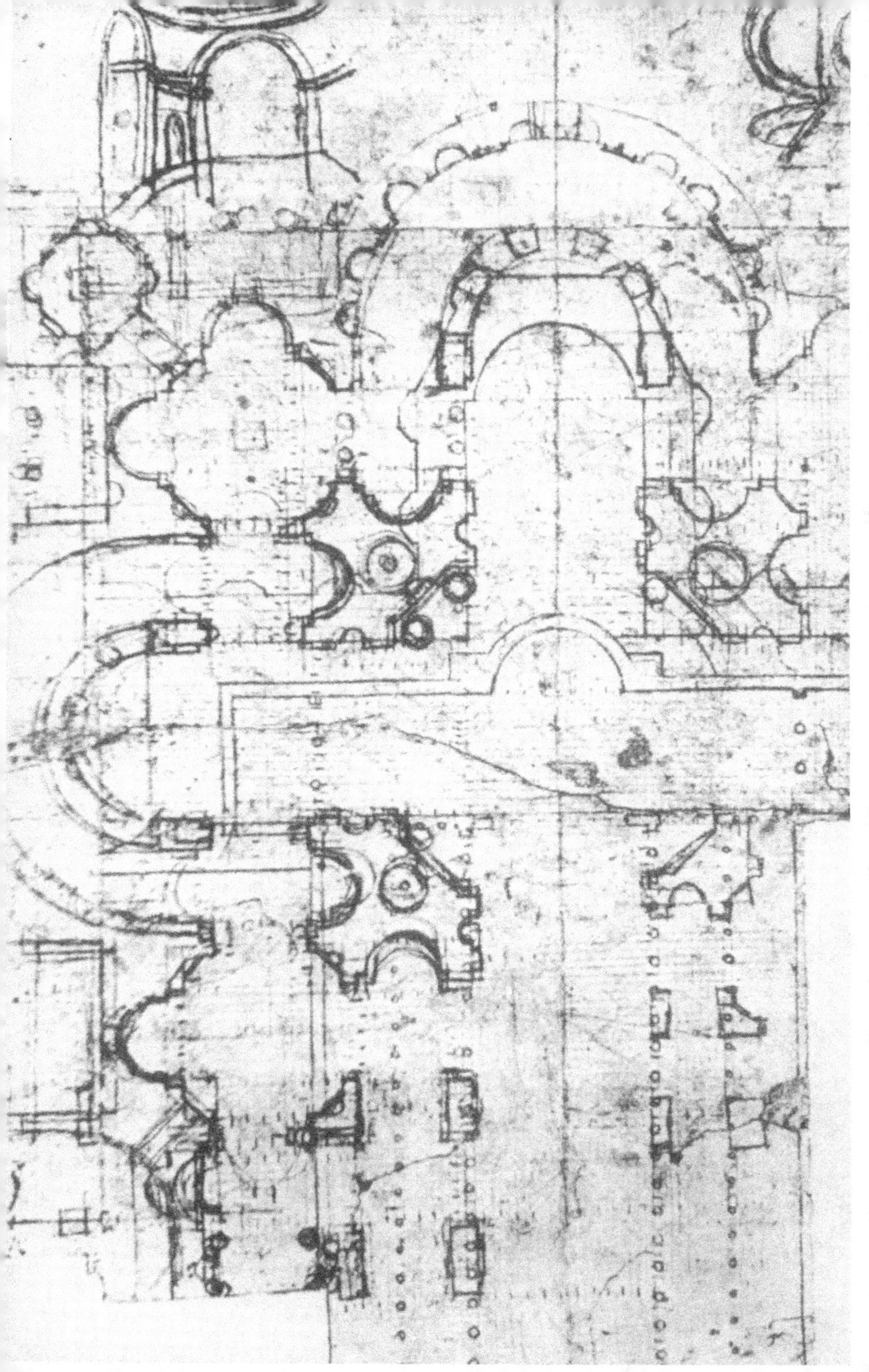

FLORENCE

C'était le dernier jour de juin. Ce samedi fut surtout le premier jour de l'été. Dès le matin, la chaleur avait tout envahi. Les rues bien sûr, mais aussi l'ombre des arbres.

Le ciel, lui-même, avait perdu très tôt le bleu juste et plein que toute la semaine passée avait su lui trouver, pour s'enfermer, bien avant dix heures, dans les brumes blanches et grises où s'arrête le vent et où, par carrés lourds, se figent les heures torrides.

Malgré la chaleur et jusque vers une heure de l'après-midi, l'atelier était calme. En mélangeant le noir, le jaune et le blanc, j'avais trouvé assez vite un gris comme je les aime entre taupe et souris. J'avais rapporté de Paris ces gros papiers italiens de matière rude — « papier fier », avais-tu dit, je crois, un jour. Et avec éponge et vieux chiffon, j'ai joué longtemps ainsi. Comme j'aime, sans but. Jouer à trouver. Jouer à chercher. Une ligne, un dessin, un détail. L'éponge sur la tranche, qui trace et qui s'écrase en tournant. La peinture dans mes doigts. Palettes pour la brosse à nouveau. Un peu après midi, la joie calme du vrai travail.

Ils étaient là, par terre, petits déchirés, pleine feuille, carrés découpés, rectangles étroits fonctionnant par série de sept. Matière de tête comme on dit tirage de tête. Matière du début. Geste premier à l'origine des toiles de l'été. Matière de tête quand, dans ces heures trop rares, rien ne vient troubler le dessein des rêves; quand les souvenirs et les projets entrevus se mettent en ordre d'un seul mouvement du bras, les yeux à demi clos; quand une courbe rencontre un triangle, sans calcul, avec la seule élégance de la certitude qui la cherche et où elle vient se caler.

Quelques jours avant ce samedi, j'avais accepté de déjeuner avec des amis dans un des établissements de plage de la promenade. Il était presque une heure quand je m'en suis souvenu. Aussitôt il a fallu courir. Mais arrivé au bord de la mer, dans la chaleur de ce côté-ci de la ville, avec le bitume trop lourd sous mes pieds, le soleil trop dur sur ma tête, j'étais incapable de me rappeler à quelle plage précise je devais les rejoindre.

J'avais tort d'être venu, je le savais. Je le savais depuis que j'avais quitté la promenade elle-même, pour descendre par les escaliers de gros marbre beige vers les plages. Première plage, un restaurant, personne. Là j'aurais pu encore remonter mais c'était trop tard. Déjà je marchais sur les galets, me refusant par toute la force de mes jambes à m'abandonner à cette démarche jetée, bousculée, basculée à laquelle obligent ces pierres rondes qui roulent sous les pas. Et il y avait, outre les galets, la chaleur encore plus forte, qui enferme, qui réverbère, qui rend sourd. Oui sourd, mais pas aveugle hélas — car le spectacle, tout autour !...

Ces gens jetés, pauvre vannerie, triste tissu. Ces gens trop larges. Ces gens trop gros. Ces gens brillants comme de vieilles fritures au hasard d'une crème malheureuse. Ces gens déjà morts, abandonnés de tout, les yeux à peine fermés dans un silence obtus en plein milieu du jour. Ces gens qu'il faut enjamber, dépasser, traverser. Ces gens que je m'oblige à regarder. Ces seins de femme qui partent dans tous les sens et qui, même dans la force des corps les plus jeunes, perdent le trouble des seins qui invitent au plaisir. Ces corps en vrac, du blanc le plus bête au brun qui respire autant d'application que de malheur, en passant par les roses, les rouges. Les gens du Nord et les brûlures sur le dos des enfants qui trouvent encore la force de jouer. La bouche ouverte et l'œil vitreux au milieu des remugles.

Deuxième plage. Deux minutes à l'ombre. Les galets à nouveau. Et ces gens... Encore les mêmes bien sûr... Toujours les mêmes. La chaleur. Mon refus de tituber sur les galets, dans la chaleur. Ma manière de me tenir plus droit, plus grand. Ma manière ainsi de me dire mon étrangeté radicale à ces tas à plat, rabougris déjà, allongés. Et ma vieille théorie qui ne me fait même plus rire : te souviens-tu, Soledad ? Les pauvres n'ont pas de chance ! Quand ils ne partaient pas au bord de la mer, la mer s'appelait Riviera. Quand ils n'allaient pas au bord de la mer, ceux qui y venaient dormaient dans de grandes bâtisses blanches de colonne et de marbre, juste derrière les plages entourées de palmiers. Pour eux, en revanche, on a inventé des hôtels faits de vilains morceaux de toiles orange et marron. Les couleurs du malheur. Orange et marron. Marron comme la chemise des secrétaires généraux des partis social-facho, social-rusco. Marron comme les fauteuils des salles d'attente des administrations fonctio-normalisées, nationalisées, social-bidon, social-trente-cinq heures, social-on-meurt-plus-de-faim mais social-on-va-pas-tarder-à-mourir-d'ennui. Orange comme les hangars à vendre aux périphéries des villes où le malheur et les soucis sont à prix réduits. Orange comme les fleurs sur la culotte d'une pute du Comecon qui servira dans la même journée à un assassin de Beyrouth, à un permanent social-feignant et à un curé défroqué, recyclé dans les œuvres barbares et tiers-mondistes des gérants de Staline. Orange comme ces vagues tas de peau entre juillet et septembre. Marron comme le seul rêve possible pour de grosses chairs orangées.

Les pauvres n'ont pas de chance ! Quand les autres allaient au bord de la mer, les femmes savaient avoir cette peau à peine blanche, douce avec ce rien d'ivoire et le pâle dessin bleu d'une veine qui traverse la gorge et que j'ai cru retrouver sur les mains d'une fille d'ici qui s'appelle Caroline et avec laquelle, je dois te l'avouer, j'ai pris l'habitude, quelquefois dans la semaine, en fin d'après-midi, de prendre un verre de champagne dans le bar aux boiseries vides d'un vieil hôtel. Les femmes avaient la peau blanche et leurs robes aussi étaient faites de linon, de dentelles et de lin accordés aux chaleurs. Les gravures, les photos me les montrent vigilantes. Capelines, ombrelles, gants de dentelles, bas de coton, jupes longues, geste un peu raide.

Les pauvres n'y ont naturellement pas eu droit. Pour eux on a inventé le short, parce qu'on a cru qu'on ne pouvait pas faire moins. Et maintenant, même plus de shorts, tout nus. Vous voulez venir en vacances ? Vous voulez venir sur la « Riviera » ? Vous paierez très cher. Nous acceptons de transformer les hôtels où nous venions en maison de retraite pour les mineurs du Nord. Mais il importe que leurs descendants, ascendants ou assimilés se transforment en aborigènes. Te souviens-tu de cet article assez joli du *Monde* à propos de *Venises* de Morand, où l'auteur parlait de cette société qui préfère moucher les bougies plutôt que passer le flambeau ? J'ai toujours eu l'impression qu'il y avait un peu de ça chez nous. Mais ce samedi, en traversant ces plages, en voyant ces gens revenus à cet état terrible qui ne mérite même pas le respect que peuvent inspirer les bêtes — elles, n'ont pas d'autre choix —

j'étais persuadé que c'était pire encore; beaucoup plus vrai qu'une simple boutade.

Troisième plage, troisième moment d'ombre, toujours personne. Les galets à nouveau, abîmés de chaleur, de soleil, de dégoût. J'ai presque failli en relever un, en relever deux, comme quand j'avais vingt ans et que je croyais qu'il suffisait de parler aux gens pour les aider, les faire aller vers un monde meilleur. J'ai failli leur crier : « bande de cons » et leur dire : « Malheureux, regardez ce qu'on a fait de vous, regardez ce que sont vos prétendues conquêtes sociales : le droit d'être encore plus près d'une bête, pendant un mois, que vous ne l'êtes pendant onze, derrière une machine, un guichet, un sous-chef ou devant un moins chef que vous. »

Ces corps nus au soleil... La nudité comme liberté — liberté mon cul ! La liberté c'est ce qu'on donne aux pauvres quand on ne veut rien leur donner. Liberté et spontanéité. Les rêves fous de 68 récupérés et mis en ordre pour les choses de l'école par de vieilles ordures politicardes genre fil à la patte du côté de Moscou. L'école, la vraie, celle des maîtres d'école c'était celle du travail, c'était Gaston Bachelard, facteur à cheval dans les neiges du centre de la France et qui finit au Collège de France et qui écrit *la*

Formation de l'esprit scientifique ou *Comment éviter de dire des bêtises*, que j'espère tu as enfin fini. C'était Georges Pompidou, fils de maître d'école, qui finit à l'Elysée et, plus qu'à l'Elysée, sur le plateau de Beaubourg. C'était la France quand elle croyait qu'elle avait encore un avenir. L'école c'est celle de mon grand-père, celle des orphelins pauvres, qui, en travaillant dur le soir pouvaient passer des brevets élémentaires et des brevets supérieurs et m'amener à Versailles en 1950 pendant toute une semaine et, dans le froid d'une calèche, me dire plusieurs fois : regarde ces murs et essaie de comprendre.

L'école, c'était l'étude, ces deux heures après la classe où, pour quelques francs, les enfants seuls pouvaient apprendre et demander à apprendre. Aujourd'hui la liberté c'est, pour les fils des pauvres, le droit, après des cours minables faits par des profs au rabais, de courir dans des cours de HLM avant de griffonner, au hasard d'une cuisine, entre une télévision, un père au chômage et une mère qui se libère avec le voisin de palier, trois lignes mal écrites, griffonnées et stupides : « Comment en 1515 un général italien du nom de Bonaparte a libéré l'Egypte après un référendum au nom des droits des peuples à disposer d'eux-mêmes et à transformer Cuba, qui était un bordel, en un goulag qui est un progrès ! »

Quatrième plage. Deux doigts d'ombre. Un verre de whisky, moi qui ai horreur du whisky. J'ai acheté des cigarettes. A nouveau, les galets et la cinquième semaine. Les pauvres n'ont toujours pas de chance. Ils vont repartir bientôt peut-être avec des trains, des trains « rapides », à « grande vitesse » comme ils disent, mais la « grande vitesse » c'est aussi le bâclage généralisé. Quand les pauvres ne prenaient pas le train, il y avait des trains en acajou avec des dessins d'argent, des luminaires de Lalique et des fauteuils larges, des wagons-restaurants, des moquettes et de vrais draps dans de vrais lits pour les trains de nuit. Le matin où j'ai voulu t'emmener en Avignon pour te montrer cette petite toile, ce morceau de *Cassone* peint par Liberale da Verona et qui s'appelle *Enlèvement d'Hélène*, nous avons pris un de ces trains à grande vitesse tout d'orange et de marron avec, pour les pauvres, des bleus turquoise et verdasses. Si comme je l'ai souhaité longtemps et comme je le souhaite toujours il arrivait que les trains n'aient plus qu'une seule classe, je crains que, ce jour-là, et la vitesse et les conquêtes sociales ne les transforment en métro : tout le monde debout, mal accroché, dans des odeurs d'eau de toilette à trois sous. Pourquoi font-ils exprès de faire pour les pauvres des colognes qui puent ?

Ça coûte pourtant le même prix, un vétiver élégant et un patchouli lavandé. Ça coûte même plus cher, un faux fauteuil moderne en faux daim violacé qu'une chaise de Rietweld, avec ses trois morceaux de bois aux trois couleurs bleu, jaune, rouge — qui disent les toiles de Mondrian et l'honneur de ce siècle.

Cinquième plage. Sous les pavés la plage, comme disaient les murs d'un certain printemps. Seize étés déjà pour un printemps qui méritait malgré tout mieux que ces plages-là. Je n'ai même pas cherché à travers les tables, les bouteilles de rosé et les salades livides, mes amis de midi. Les escaliers à nouveau pour retrouver maintenant la promenade au soleil. Il est presque deux heures. Et la foule grandit, toute de grégarité et de vides réflexes, par familles, par chapelets, accoutrés de laideur, de ventres qui débordent et de culs aux mollets. Les enfants sont déjà laids qui se ruent vers le goudron, sans joie. Parce que ça, courir, on le leur a laissé faire. On le leur a appris dès l'école. Combien d'heures de gym pour d'heures d'histoire de l'Art ?

Et à nouveau ton idiote, la trentaine triomphante, qui déclarait ce fameux soir : « J'ai besoin de faire du sport, j'ai besoin d'aller au Bois, courir, trois fois par semaine. C'est devenu si excitant, si important pour moi. » La malheureuse ! Tout juste si elle n'a pas essayé de faire la savante... Je l'ai sentie toute prête à nous sortir, informée et réfléchie, quatre à cinq minutes bien pensées sur la gloire du sport, le sport comme un des aspects de la modernité, un corps sain dans un esprit sain, les Jeux Olympiques nés à l'aube d'un siècle de progrès et de conquêtes; les Jeux Olympiques, admirable mélange de peuples qui se livrent des luttes inutiles et glorieuses, la noblesse de l'inutilité et le bonheur des grands rassemblements dans la paix.

Eh bien, parlons-en des Jeux Olympiques ! C'est une horreur. Je suis pour l'*interdiction* des Jeux Olympiques. Par quelque bout que je prenne la chose, je la trouve odieuse. Je trouve odieux, notamment (et c'est toujours à ça qu'on en revient), que les peuples libres, ou du moins encore libres, du monde occidental acceptent ainsi de se ravaler, d'avaliser des régimes politiques d'horreur, de haine et de mort. Odieux, Berlin du temps d'Hitler. Odieux, ces commentaires stupides sur la rage d'Hitler et sur la victoire de Jess Owens. Qu'est-ce que ça veut dire d'essayer de faire courir un homme ? N'importe quel chien, n'importe quel cheval courra toujours plus vite que le plus formidable des coureurs. Odieux, odieux ces Français piétinant à Moscou le sang du peuple afghan pour chercher des médailles qu'ils ne trouveront pas. Odieux, Munich et ces athlètes assassinés par les terroristes. Odieux, les Russes qui d'une main font le salut olympique et, de l'autre, jouent de la kalachnikov pour descendre des juifs, comme si en Allemagne on avait pas déjà assez tué de juifs.

Le terrorisme ! Cette malheureuse « catho de gauche » qui « comprenait » comment des âmes perdues, écœurées par l'injustice du monde peuvent s'égarer ainsi ! Intolérable ! Comme si les révoltes légitimes de nos vingt ans, nos haines réelles, justifiées, que je n'ai jamais oubliées et que je revendique totalement en ce juillet de mes quarante ans pouvaient s'incarner là ! Comme si tout ça était autre chose que la volonté géniale et terrible du camp des assassins, des ennemis de la liberté, du fascisme d'aujourd'hui, de l'Union soviétique ! Il n'est pas un seul imbécile sur cette terre qui mette un pétard quelque part sans que ça serve peu ou prou aux bourreaux du Kremlin.

Bon. Je reviens au sport... A cette drogue

absurde. A tous ces corps détraqués par les anabolisants, ces cœurs qui se cassent dans les côtes du Ventoux, ces enfants de quinze ans déformés, abîmés pour ramener une médaille. Cette haine du sport, c'est encore pour moi l'affirmation de ma fidélité à l'idéal de gauche qui a toujours été et qui reste le mien. Je me souviens : je me trouvais en juillet 68 à Madrid. Des amis de rencontre, avec qui nous avions passé de longues heures à parler de ce récent printemps parisien qu'ils n'avaient pas connu, avaient décidé, le 16 juillet, dans la nuit, d'aller peindre sur les murs de la ville leur haine de Franco et du fascisme. Ils m'avaient fait l'honneur de m'inviter à venir avec eux, participer à ces opérations de peinture. L'Espagne de Franco n'était pas celle de De Gaulle, les flics étaient arrivés très vite, matraque, bagarre, des amis attrapés. Je revois précisément les cheveux bruns, les yeux noirs de cette fille Violetta qui, quelques heures auparavant en passant devant un soupirail vers la Puerta del Sol, m'avait raconté comment elle avait été là quelques mois auparavant, frappée, humiliée. Elle était déjà dans le car de police quand d'autres amis m'avaient tiré par le bras, très fort : il fallait fuir très vite, se perdre dans les rues. Et le lendemain, très tôt, à l'hôtel, ils étaient venus me chercher : il était préférable de quitter Madrid... Nous sommes donc partis à trois, deux Espagnols et moi-même pour Barcelone. Là-bas on devait nous conduire à Montserrat, « nous reposer » quelques jours.

A Barcelone, nous sommes allés via Balmes 311. L'homme qui nous attendait se prénommait Manolo. C'était un vieux marxiste comme je les ai aimés, un de ceux qui croyaient que le destin du marxisme réalisé n'était pas forcément la dictature et l'horreur. Peut-être le croit-il encore. Cet après-midi là, en attendant une voiture, nous avions essayé de regarder la télévision : il n'y avait que du sport; la télévision espagnole débordait de sport; et j'ai compris, ce jour-là, l'évidente complicité entre le sport et les régimes politiques qui veulent faire oublier aux hommes ce que légitimement ils peuvent, ils doivent espérer devenir.

Oui, les hommes de gauche que nous étions haïssaient, méprisaient le sport.

Est-ce que la gauche aujourd'hui aime vraiment le sport ? Elle s'est mise à aimer tellement de choses qui me sont insupportables, que souvent je ne comprends plus. Quelquefois même, il m'arrive de penser que nous avons passé quelque chose comme un équateur et que

la gauche n'a pas compris. Tu sais, dans l'hémisphère Sud, les temps de Noël arrivent au plus
chaud des saisons et les mois de juillet sont ceux
des temps les plus froids. Eh bien, j'ai quelquefois le sentiment que le monde politique, lui
aussi, insensiblement, change d'hémisphère; que
nous continuons de chercher nos ennemis dans
l'un alors qu'ils sont maintenant dans l'autre; et
qu'ainsi, dans ces terres nouvelles où l'histoire
nous a conduits avec nos vieux costumes et nos
vieilles habitudes, nous pourrions très bien, si
nous n'y prenions garde, étouffer de chaleur dans
nos manteaux de décembre et périr glacés dans
nos chemises de coton des premiers jours d'août.

Il serait temps de savoir ce que cela veut dire :
« être de gauche » en cette fin du XXe siècle. Je
suis convaincu qu'à aucun moment ça ne peut
vouloir signifier traîner avec soi des habitudes,
des raisonnements de la fin du siècle précédent.
Etre de gauche c'est, indépendamment des
moyens, des recettes, croire que l'homme a un
avenir. Croire toujours en un monde perfectible.
Refuser l'éternisation de l'état présent du
monde. C'est continuer de penser, tout simplement, que, derrière chaque choix politique, il y a
une décision qui fera les hommes plus ou moins
cons, plus ou moins libres. Etre de gauche c'est

admettre, aussi, qu'un ouvrier de la General Motors est plus libre, mieux payé que n'importe quel ouvrier de n'importe quelle usine du Comecon. Tout le reste n'est que folie, mensonge, menace pour l'avenir des hommes.

On ne dira jamais assez, de ce point de vue, le mal que la haine de l'Amérique a pu et peut encore faire à cette vieille et merveilleuse Europe qui, quoi qu'ils en pensent, a encore un avenir. Cet avenir ne sera certainement pas en effet de singer le « modèle américain ». Mais il sera encore moins d'accepter de le voir s'enliser dans le lent mouvement, commencé depuis Yalta, et qui l'a conduite déjà vers des terres finlandaises. Un mouvement pâle, sans espoir, éclairé de seuls souvenirs prestigieux et qui ferait qu'un jour, dans une géographie de l'ignoble, la France se retrouverait quelque part entre la Finlande et la Yougoslavie. C'est ça le seul vrai danger pour la civilisation qui est la mienne. Si je devais un jour militer à nouveau ce serait contre ça et de toutes mes forces.

S'il n'en était pas ainsi, si une espèce de renaissance n'était pas redéfinie très vite, voulue et assumée avec force, cela voudrait dire que, comme nous en avons souvent parlé, nous serions finis depuis longtemps, sans le savoir vraiment, à la façon de ces étoiles que nous voyons les soirs d'été briller au plus fort de leur lumière alors qu'elles sont déjà et définitivement mortes. L'hypothèse n'est pas absurde. Il serait même assez facile de précisément dater l'heure de ce grand malheur. L'Europe serait morte le jour où, dans les camps allemands, est mort le premier enfant juif.

Toutes ces idées se promenaient dans ma tête très très vite et me rendaient triste, d'une tristesse plus grande que la tristesse, de cette tristesse dont on sait que rien, jamais, ne fera disparaître la raison — inexorable comme celle où vous enferme la mort d'un être aimé, comme celle qui m'a envahi, à six heures du soir, le 20 avril 1977, quand, tandis que je lui tenais la main, mon grand-père Suchet a cessé de vivre. L'Europe, mon grand-père, tout se nouait à l'intérieur de moi-même. Alors j'ai pris la rue de France. Un moment de vraie ombre. Un moment de moins de foule. Sans regarder ma montre. Sans relever la tête, j'ai traversé la ville. Et, à la seule qualité de la fraîcheur retrouvée, j'ai su que j'étais rentré dans les ruelles du vieux Nice. Je ne suis pas allé à l'atelier — mais rue de la Préfecture, rue du Jésus, place du Jésus, église du Jésus, dite encore église Saint-Jacques. Après la porte, l'ombre enfin. Et la fraîcheur plus large. Le vrai silence. Sur les murs, la fragilité des flammes aux chandelles.

Je suis resté immobile alors, et debout, mes mains sur le dossier des derniers bancs de la rangée de droite. Je crois que j'ai fermé les yeux. Et j'ai eu envie de pleurer. Ensuite je me suis assis. J'ai peut-être même dû m'assoupir. Et quand j'ai rouvert les yeux, l'église était toujours aussi vide que lorsque j'y étais entré. J'ai redétaillé une fois de plus le plan rectangle des lieux, les dorures des chapiteaux, les colonnes de section plate. Les vasistas ovales à mi-hauteur des murs donnant sur quelque coursive, parcours dérobé. Le frais presque froid. L'ombre grise. Le silence encore. Et le vide toujours. Je me suis levé ensuite. Je suis allé prendre des bougies. J'ai entendu les pièces résonner dans le tronc comme une musique grêle. Et puis j'ai fait le tour de tous les autels. A chacun j'ai posé des cierges et allumé à chaque fois, à peine plus pour sainte Lucie, à peine plus pour saint Antoine de Padoue — Padoue où est l'autre toile de Liberale da Verona...

Lorsque j'ai eu fini, je suis revenu à ma place du début. Les flammes bougeaient partout, plus ombreuses, avec quelque chose de gai et de digne, de doré, dans l'ivoire de la cire. J'aime venir dans cette église parce que c'est la seule de la ville, je crois, que ces petites cochonneries en plastique rouge ou bleuasse auxquelles on a donné le nom — je l'ai appris l'autre jour, à l'église du port — de « veilleuses de dévotion », n'ont pas encore envahie. Remplacer les cierges par des « veilleuses de dévotion », voilà encore une idée de prêtres qui ne croient plus en Dieu ou qui le confondent, en tout cas, avec je ne sais quelle super-assurance vie... Dieu copain... Dieu dans le coup... Dieu Sécurité sociale... Dieu ANPE... Un Dieu qui aurait définitivement remplacé la métaphysique par les joies du patronage... Bref, un Dieu à la mesure des curés modernes — en baskets et en survêt quand ils sont jeunes ou en costume triste de retraité des pompes funèbres, quand ils deviennent évêques... Je n'ai peut-être pas eu de chance : depuis deux ans que je reviens dans les églises (surtout, il est vrai, quand elles sont vides), je ne me rappelle pas avoir rencontré un prêtre qui ait l'air d'avoir la foi; je n'ai vu que des bègues récitant des textes plats, sans gloire, et en mauvais français. A la fin d'une messe maintenant, je crois qu'il faut serrer la main de son voisin de gauche et la main de son voisin de droite, comme si l'on était venu à la messe pour les voisins. Enfant, j'ai dû assister, en tout et pour tout, à une dizaine de cérémonies. Mais je me souviens malgré tout de quelque chose qui avait une autre allure. Note bien, cela dit, que j'ai essayé un matin une messe style « avant Vatican 2 », avec du latin et des fossiles réactionnaires à deux doigts de la mort, qui avaient probablement peur des Noirs, des communistes et des juifs mais qui, en gros, étaient tout aussi loin de Dieu que les autres.

Le lendemain de l'attentat de la rue des Rosiers, je suis allé à l'office à la synagogue de la rue Deloye. Et là j'ai vu des hommes croyant en Dieu. Pas un dieu pratique. Pas un dieu qui ne serait là que pour les malades ou les Papous. Mais un dieu qui, naturellement, ne sert à rien et dont nul, pourtant, ne peut faire l'économie sous peine de ne plus voir le moindre détail des choses de ce monde sans le plus petit des reliefs. Un dieu de grandeur. Un dieu de folie. Côté décors, les synagogues, du moins celles que je connais, c'est un peu moins bien que les églises. Mais côté Dieu, comme il est devenu triste le Dieu des catholiques ! Si ça continue, il sera juste bon à finir au conseil économique et social. Et, quant à ses servants, s'il leur arrive encore de lire, c'est sûrement moins Blaise Pascal que cet idiot de René Descartes — image même de la bêtise française, avec son *Discours de la méthode*, sa pensée de bricoleur, son côté « comment apprendre à faire un portrait en trois leçons ».

Tu connais ma position là-dessus : Dieu, les églises et les prêtres ne devraient être là que pour nous parler de la mort, de cette chimère qui fait que chaque vie, à peine commencée, doit se mesurer à ce vide atroce, à ce néant sans fin dont elle échappe à peine pour savoir qu'elle y retourne. Les églises et les prêtres devraient être là, à chaque moment de notre trop courte vie d'hommes, pour nous rappeler ça et pour nous apprendre à mesurer chaque geste d'un simple jour à la gloire de ces dimensions. Mais comment veux-tu qu'ils comprennent ça ? Non seulement ils se trompent complètement sur Dieu, mais, en plus, le peu qui leur reste de son idée, ils en ont honte. Tu as vu leurs costumes ? La plupart ne portent même plus de croix au revers de leur veston. Et je les soupçonne de rêver de faire du sport, de bronzer.

Regarde le pape. Tout le monde le trouve formidable. Moi, je ne comprends pas. Il est, nous dit-on, ce qui reste de Dieu encore vivant parmi nous. Or je vois, moi, un type préoccupé de ses vacances, de son ski et qui, dès les premiers jours de son temps de pape, n'a eu qu'une idée en tête : se faire construire une piscine... Peut-être me trouveras-tu simplet, mais j'ai toujours cru, en ce qui me concerne, qu'un pape c'était d'abord là pour faire construire des églises, pas des piscines... J'ajoute que ce pape est polonais, ce qui est tout de même un comble étant donné l'attitude des Polonais vis-à-vis du peuple juif pendant la guerre. Pourquoi pas un pape allemand, tant qu'on y est ? Un pape allemand de plus de soixante ans et qui aurait vaguement... Enfin bref : un pape, un vrai, ça doit être italien, aimer les robes, les bagues, les peintures et la musique. Tu me diras que, même avec les Italiens, on ne peut être sûr de rien et que Pie XII était bien italien, cette ordure, ce complice d'Hitler qu'ils veulent nous béatifier; une manière comme une autre d'assumer, sans honte, le rôle antisémite de l'Eglise catholique... Eh bien, soit. Tu n'auras pas tort. Mais admettons que c'est pour ça que je n'entre dans les églises que lorsqu'elles sont vides et que je suis sûr d'y être seul — seul avec ce merveilleux silence, sans que les mains sales et les haleines hypocrites des derniers permanents d'une entreprise qui fut autrefois honnêtement italienne ne viennent se mêler d'une affaire qui les dépasse...

Un mot encore, à propos de leur ignominie pendant la guerre. Car enfin comment ont-ils pu oublier de 1933 jusqu'à 1945 que Jésus était juif ? que sa circoncision elle-même, c'est-à-dire la réalité la plus physique de son appartenance au peuple juif, est jusqu'à nos jours inscrite dans l'ordre des jours du calendrier chrétien ? que sa mère, Marie la juive, a la place qu'elle a dans la religion catholique presque aussi grande que dans l'histoire de l'Art ? Comment ont-ils pu oublier tout ça et pendant tant d'années ? La vérité est que l'horrible n'est arrivé ni par surprise ni par hasard et que, comme tous les responsables politiques européens, les prêtres, le pape lui-même, savaient et, sachant, n'ont rien fait. C'est-à-dire ont approuvé. Je t'avais montré un jour cette plaquette éditée, je crois, par la représentation anglaise à la Société des Nations en 1936 et que j'avais achetée le long du Paillon, il y a une quinzaine d'années. Tu te souviens du titre : *Crimes sur des natifs allemands.* Et tu te souviens de l'entière description de l'horreur qui, déjà, y était... Je ne veux plus jamais qu'on me dise qu'on ne savait pas, car ils savaient pour Hitler — tous et dès le début. Comme ils savaient pour Staline — tous et dès le début. Comme ils savent aujourd'hui — tous et dès le début. Et qu'ils ne viennent pas s'étonner, après cela, des sectes qui leur piquent leur clientèle. Je suis persuadé que l'Eglise de Dieu vit aujourd'hui avec plus de vérité, là, à travers ce qu'ils appellent donc les « sectes » que dans cette grosse machine qui, derrière une vague façade finlandisée, cache mal son oscillation entre les œuvres de la Mafia et la fidélité à son attitude de 33 à 45 et même avant.

Bien. Je reviens à moi... Et j'arrête de m'énerver... Sur ces réflexions, je me suis relevé. J'ai remplacé des bougies, probablement allumées depuis le matin, qui se terminaient. En sortant, j'ai regardé ma montre et me suis aperçu qu'il était très tard, quatre heures passées. Ces deux heures de paix, d'intelligence dans la flamme des cierges et les feuilles d'or des murs, avaient été légères, me sauvant de la demi-heure de soleil et de galets qui avait failli avoir raison de ma pauvre raison. Je suis passé à la villa. J'ai récupéré une voiture. A cinq heures et demie, j'étais sur l'autoroute, au-dessus de Menton. Et un peu avant dix heures, je me garais place Santa Croce à Florence. Te souviens-tu des premières fois où nous faisions l'amour, et où tu voulais éteindre toutes les lumières, et où tu me demandais « pourquoi je trouvais ça bête de faire l'amour dans le noir » et où je te répondais « c'est pas bête, c'est triste comme d'arriver en Toscane quand il fait déjà nuit » ! Eh bien voilà. J'étais en Toscane. J'étais même à Florence. Il faisait nuit. Et tu n'étais pas là...

La ville, cependant, était trop forte. Et, déjà, nos souvenirs trop loin. Et l'idée de ton absence qui, au début, m'avait paru physiquement intolérable n'était plus ce soir-là, et peut-être pour la première fois, qu'une nostalgie un peu fade aux couleurs délavées; quelque chose de pas vraiment triste ni même de vraiment désagréable.

Piazza Santa Croce. Palazzo dell'Antella (Julio Pariji 1619). Façade peinte à fresque par Giovanni di San Giovanni. C'était écrit dans le guide et Filippo me racontait. Je n'avais vu que des escaliers d'ardoise partant dans tous les sens, des colonnades aux plâtres vieillis. Il allait être minuit. Nous étions, avec Anne, tous les trois sur la terrasse. Les toits dans la nuit de Florence nous entouraient, nous protégeaient. Les feuilles rêches des orangers ronds cachaient mal les fleurs blanches des géraniums et leur odeur âcre s'accordait au sucre du jasmin. Le vin était blanc et embuait nos verres. Le café était chaud et froide la salade de pâtes. Les bruits de la ville s'étaient arrêtés. Seul depuis le salon, un chant de Monteverdi, à peine deviné, arrivait jusqu'à nous, pour enfermer notre silence. A nouveau j'allais bien. Après, il y eut la ville. La ville dans la nuit. Les bars fermés, les bars ouverts et cette longue dérive par les ruelles et sur les places, jusqu'au dessin de la lune aux rives de l'Arno. Il a fallu rentrer.

Le lendemain le soleil était là, les touristes aussi. Mais dans la rue, sur les places, il y avait les vieux palais, et le froid des églises et, derrière les murs, la peinture; plus précisément : cette dizaine de toiles qui s'ajoutent à quelques autres et qui m'aident à vivre, et qui m'aident à peindre. Je crois que, quoi qu'on en dise et pour autant qu'on ait réglé les problèmes dits de survie, on ne fait les choses que par amour. Je crois qu'on ne fait toute sa vie que pour plaire à deux, trois amis, pour être à la hauteur, comme on dit familièrement, d'un souvenir, d'une idée qu'on a eue ou qu'on découvre un jour.

Moi, je crois que je peins pour une vingtaine de toiles, que je vis pour un jour, le plus tard possible, avoir le sentiment — et je ne suis pas sûr que l'illusion ne me suffirait pas — que une, deux, quatre ou pourquoi pas ? sept, puisque c'est mon chiffre, de mes toiles ou de mes sculptures, accrochées, mélangées à ces peintures si respectueusement aimées puissent l'être dignement. Je ne sais pas si ce sentiment est d'une intolérable prétention ou d'une modestie restrictive. Je sais que c'est comme cela que les choses me vont et que mon travail avance. J'ai besoin de rendre visite à ces peintures, avec mes projets du moment dans la tête, un peu comme je le ferais si, étant écrivain, j'allais montrer quelques pages d'un long poème à Jean Racine, Saint-John Perse, William Shakespeare ou Italo Svevo. J'étais venu à Florence bien sûr pour échapper à l'horreur de ces premiers jours de touristes et de chaleur moite. J'étais venu à Florence pour voir deux amis, boire du vin blanc et manger des panini, des spaghetti à l'ail et à l'huile d'olive. Mais en plus — que les vins et mes amis me pardonnent ! — j'y étais venu pour voir ces quelques toiles que j'aime par-dessus tout — pour savoir où j'en étais et d'elles et des miennes.

D'abord la *Bataille* d'Uccello. Quand je vois celle de Florence, les bleus de celle de Londres me manquent; et, quand je suis à Londres, c'est la géométrie de celle du Louvre que je voudrais voir. Mais ça, c'est ma manière de vouloir une blonde quand j'embrasse une brune ou de penser à une grosse quand je te vois, nue dans ta salle de bain. La *Bataille*, en tout cas, était là comme toujours. Et, ce jour-là, pendant les premières minutes au moins, je n'ai pensé à rien d'autre. Je ne l'ai pas trompée. Puis j'ai fait un tour dans la grande galerie du haut en entrant par la sortie pour pas faire la queue comme tu m'avais appris, afin de regarder le petit tableau du Rosso. L'enfant avec une mandoline que j'aime chaque fois davantage, sans jamais savoir pourquoi.

Puis encore, j'ai traversé l'Arno pour aller à Santa Felicità. L'Eglise était fermée. Alors j'ai mangé des glaces dans une petite boutique, juste à gauche sur la place. Le lendemain, je suis revenu. L'église était ouverte cette fois. Et j'ai tout de suite vu, sur la droite, la *Déposition* du Pontormo. Là encore le silence, les roses et les verts clairs, ces visages allongés. Pourquoi les femmes, dans la rue, n'ont-elles pas le visage des femmes du Pontormo ? Est-ce qu'un jour, quelque part, il y aura un monde, un pays, une ville, un quartier où dans les bars et dans le hall des grands hôtels on pourra croiser des femmes avec ces visages, ces mains, ces gestes ?

Après, je suis allé vers le Carmine. Au passage, j'ai encore une fois longuement regardé la façade de Santo Spirito, la perfection du dessin de Brunelleschi — sans colonnades, sans marbre, sans rien : juste la force d'un dessin, sa perfection, sa façon d'arrêter le temps...

La chapelle Brancacci, elle, était fermée. Un échafaudage montait jusqu'au plafond. Un vieux prêtre était assis derrière une table et vendait des cierges. Je suis resté longuement sans ouvrir la porte d'entrée. Alors que j'essayais malgré tout de regarder les fresques, j'ai entendu la voix grave du prêtre, s'énervant sous la grande nef. Il parlait avec un couple d'Américains qu'il essayait de faire sortir. Il leur disait ça en italien. Les autres faisaient semblant de ne rien comprendre, genre baskets, chair molle, sac au dos et shorts naturellement. Alors je suis allé vers eux et, dans mon mauvais anglais, je leur ai dit que s'ils n'aimaient pas Dieu ce n'était pas grave; que s'ils n'aimaient pas les églises ce n'était pas grave non plus; mais qu'il y avait ici quelques-unes des plus belles peintures du monde et qu'on ne pouvait pas se présenter devant Masaccio et Masolino dans l'état qui était le leur. Je les ai regardés longuement de bas en haut, chaussures de toile orange et bleue, petites socquettes, poils hirsutes sur les jambes de l'homme, gras sur la cuisse et sur le devant du genou de la femme. Cuisse rose devant, bleue derrière. Shorts de matière brillante. Sueur aux aisselles. Cheveux gras pour tous les deux. Il y avait tant de haine, je pense, dans mon regard — de haine et de mépris — que sans vraiment entendre que le prêtre leur disait « Go out now, go out and quickly very quickly », ils se sont retournés, se sont dirigés vers la sortie. Je les ai suivis. Au moindre mot, je crois que j'aurais pu les massacrer, les frapper à leur fracasser le crâne.

Après leur départ, je suis revenu dans l'église. Le prêtre m'a pris par le bras. Il avait des cheveux blancs et longs, un beau visage de vieillard et même s'il était petit de taille, sa longue robe d'étoffe brune lui conférait une vraie élégance. Il m'a emmené jusqu'à la chapelle Brancacci, m'a ouvert la porte et m'a fait signe que je pouvais monter sur l'échafaudage. Je lui ai dit « merci ». Il m'a dit : « de rien », en français et en baissant la tête.

La chapelle Brancacci pour moi tout seul. Ce qui est de la main de Masaccio, ce qui est de la main de Masolino, je n'ai pas besoin du livre pour le reconnaître. Je ne sais pas pourquoi tout le monde aime Masaccio. Moi, c'est Masolino que je préfère. Cette géométrie distante qu'il inscrit entre les personnages... Cette retenue par les drapés... Alors que l'autre fait dans la touche mouillée, plus réaliste, plus près de la vie, comme si la peinture avait quelque chose à voir avec la vie. Je ne veux pas encore t'embêter avec tout ça, je t'en ai souvent parlé et je crois que tu es d'accord.

J'ai salué le prêtre, retraversé la ville. La chaleur de midi m'était légère et j'aurais pu sourire aux touristes. Au marché couvert de l'autre côté du pont, j'ai acheté un chapeau de paille, réajusté mes lunettes. Dans l'ombre du salon le silence à nouveau et toujours le vin blanc. Avec Filippo et Anne nous avons décidé d'aller en septembre à Castiglione d'Ollona. Il paraît que c'est au nord de Milan et Anne m'a dit y avoir vu, il y a quelques mois, les autres fresques de Masolino que je ne connais pas.

La veille au soir il y avait eu une chose très belle dans le cortile du palazzo Pitti : l'*Orfeo* de Monteverdi, le dernier spectacle du mai florentin. Alors, bien sûr, ça sentait un peu la démagogie — genre guitare électrique et motos kaki à la fin pour emmener Eurydice aux Enfers. Mais la nuit était belle. Et le chant, parfois sans guitare ni moto, qui montait à la verticale du ciel, dans le bleu encore violet des longues journées de maintenant... Deux femmes aux cheveux noirs couraient avec nous et puis s'arrêtaient quand, du même pas, du même chant, Eurydice et Orphée, dans le rectangle d'un projecteur, se rapprochaient et se prenaient la main. J'en oubliais alors et les motos et les guitares électriques. C'est drôle comme la beauté des choses que j'aime peut me rendre indulgent, parfois... Nous parlions de tout ça... Le Pontormo... Monteverdi... Il a fallu partir. J'ai pensé à l'atelier, aux toiles en désordre, aux dessins pas terminés et nous sommes arrivés à Nice juste avant la nuit.

Pourquoi n'étais-tu pas là ?

Les gens sont prêts à aimer l'art quand ils croient y reconnaître quelque chose de la vie. Moi je ne peux supporter la vie que quand je crois y reconnaître quelque chose de l'art. Si je mets en marche des transistors c'est pour qu'ils deviennent des machines à musique. Si j'aime un paysage entrevu sur la route du retour, c'est parce que j'y revois les rangées d'oliviers découvertes la veille dans le coin d'un tableau. Si j'attends le couchant sur une montagne nue c'est parce que je sais qu'alors le paysage tout entier résonnera d'une aquarelle de Cézanne. Je hais la nature et le naturel. J'ai horreur des parfums des corps. Je préfère les putes qui sentent le savon aux jeunes femmes qui reviennent du tennis. Et je crois que, au fond, c'est peut-être pour ça que je hais les enfants et les chiens. Quoi de plus naturel, en effet, qu'un enfant ou un chien ? Ça a la même odeur, vaguement humide, de merde et d'urine — avec, pour les enfants, le lait par-dessus le marché. Je hais le lait et le cri des enfants. Un enfant qui crie peut émouvoir une mère, je n'y entends, moi, qu'un aboiement. Un vieux chien n'est jamais qu'un enfant qui a mal tourné. Et j'ai honte à le dire : mais si j'apprenais, demain, l'incendie d'un musée de Florence, j'en serais infiniment plus triste que du pire des drames dans une maternelle... Je sais que ce n'est pas bien, Soledad. Je sais que j'ai tort. Je sais qu'il ne faut pas dire tout ça. Et, de fait, je dis de moins en moins de choses. Mais à toi au moins je peux l'avouer, n'est-ce pas ? Il est si dur de rester seul des nuits entières avec des trucs pareils dans la tête.

Et pourtant, il faut bien vivre. Et pourtant, j'aime bien la vie. Et pourtant, je vais sur les terrasses des bistros, je mange, je parle avec des blondes qui trimballent à l'épaule des sacs à initiales, qui ont des voitures noires un peu décapotables, qui vont en Afrique à Noël, le dimanche à la neige et dont les cousines cultivées rêvent de passer un mois en Inde. J'ai appris l'autre jour qu'une fille que j'avais un peu connue était partie en Inde avec son amant. Comment veux-tu que je parle à des femmes qui partent en Inde avec leur amant ? Ça doit quand même exister des gens qui vont à Trieste trois jours; qui vont à New York acheter du dentifrice; et puis qui vont à Naples pour ne pas aller à Bali. Bali... Goa... L'Afrique... Pourquoi pas Tahiti ou la Nouvelle-Calédonie ? Au fond, j'ai tort. La seule solution c'est qu'ils y partent tous, à Bali, à Goa, aux Seychelles, à Pondichéry, aux Antilles et à Courchevel. Je leur demande simplement de ne pas foutre les pieds autour de la Méditerranée, de m'autoriser à partager avec eux l'île de Manhattan, et d'avoir le droit de les importuner, quelquefois, du côté de Cadogan Garden.

Tu vois : je pense à toi. Tu vois : je bois toujours autant. Et puis, le temps qui passe, s'il arrive à dessiner de vagues rides au coin de mon regard, ne parvient toujours pas, tu le vois aussi, à me faire aimer les Indes et les enfants, les plages et les montres en or, les chiens et les vacances. Je vais redescendre en ville. La lettre partira dès ce matin. Après, j'irai danser. Et si je ne suis pas trop ivre au retour, je m'arrêterai une minute avec ces camionneuses à la perruque de travers, ces femmes à la voix rauque et aux épaules trop larges parce que ça me fait rire et que ça aussi, ma chérie, c'est pas très naturel.

NEW YORK

Jeudi 1er novembre.

Au hublot les gris, les bruns, les roux. La terre de France. Tout autour déjà les bruits. Déjà ces gens qui louent des écouteurs. C'était bien de te revoir. C'était bien ce que tu as dit sur la toile de la FIAC. J'espère vraiment que tu viendras à Nice pour voir l'exposition. Tes cheveux lisses et longs jusqu'aux épaules. Ta raie sur le côté. Et, à nouveau, ce mouvement de tête pour arranger tes cheveux. Et à nouveau ta main plate dans tes cheveux pour arranger ta tête. C'était bien ce taxi qui parlait (nous qui avions horreur, d'habitude, des taxis bavards). Cette manière que ce type avait de dire « Paname » pour Paris. Cette manière qu'il avait de raconter son quartier, les petites rues du treizième, l'odeur de boulangerie au hasard d'une ruelle. Et puis son histoire aussi. Son retour, vers les douze ans, de colonie de vacances et l'odeur du métro qui lui manquait. C'était bien encore, à Roissy, cette manière de ne rien se dire, sur les quais, sur les trottoirs, sur les bords de l'aéroport — simplement toi un peu trop grande dans tes jeans et dans ton pull-over, et puis tes épaules trop raides et puis ce grand manteau trop large et puis ce grand manteau trop noir où tu t'enfermes et t'enroules. Et puis le taxi qui repart.

Et pourtant, je ne suis pas d'accord : ce n'est pas « absurde » d'aller passer cinq jours à New York. Je sais que, pour les gens, il y a le temps pour chaque voyage : un week-end pour Venise, quinze jours pour Tanger, dix jours pour New York. Moi, je ne « voyage » pas. Je me *déplace* avec ma même tête, les mêmes problèmes à l'intérieur de ma tête, les mêmes idées fixes, les mêmes désirs. Et, dans ce cas, un jour, quarante jours, un week-end ou cinq jours, c'est pareil. Quand je vivais complètement à Paris et qu'il m'arrivait — si rarement ! — de partir en week-end j'aimais prendre un grad sac, jeter dedans deux vestes, un grand pull et ramasser les journaux, les articles pas terminés, les livres et les magazines qui traînent toujours autour de mes lits. Eh bien, c'est ce que j'ai fait aujourd'hui. C'est ce que je vais faire là-bas : dormir, parce que je suis fatigué... traîner... voir une ou deux expositions... embrasser des gens que j'aime... finir les livres que je n'ai pas pu lire... et puis t'envoyer des cartes postales, vagues morceaux de papier où je te dirai ce qu'il y a dans ma tête — parce que c'est bien de se parler, ainsi, avec des bouts de téléphone et des feuilles au crayon.

A propos, chère Soledad, nous n'allons pas tarder, le sais-tu, à arrêter notre correspondance. A partir de maintenant, d'ailleurs, j'aimerais, chaque fois que je commencerai quelque chose, pouvoir fixer du même coup la date où elle devra s'arrêter. « Clotilde, nous nous sommes rencontrés il y a une semaine. C'était le 14 août. Je devine déjà à la manière qu'au creux de mes poumons se tord l'intérieur de mon être lorsque je pense à vous, lorsqu'un avion nous sépare pour une journée, que je vous aime à la folie. Décidons donc, Clotilde, de nous aimer jusqu'au 24 décembre. Ce sera une très belle histoire d'amour et nous aurons toutes les chances qu'elle se termine, sottement peut-être, mais en tout cas pas dans le drame. » Ainsi, chère Soledad, arrêterons-nous ces petites paroles papier, ces petites paroles crayon, vers la fin de cette année. Si par hasard nous avions encore à nous dire au-delà du prochain décembre, nous ferions autrement, avec beaucoup de silence ou au travers de photos arrachées dans les magazines, des polaroïds ou des 45 tours. C'est cela : s'envoyer des 45 tours, des choses qu'écoutent les enfants d'aujourd'hui, des choses avec des tam-tams, et retrouver les slows des surprises-parties des années soixante.

Jeudi 1er novembre.

La scène se passe toujours dans l'avion.Ça fait trois heures que ça dure, l'avion. Je ne sais plus comment mettre mes jambes. Je suis cerné par des Français. Ils sont là. Ils parlent fort. Ils échangent des bonbons. Ils font des commentaires. Il y a le boute-en-train, celui qui veut rendre service, qui parle avec tout le monde, s'assoit sur les accoudoirs. Tout ça doit partir pour Miami ou Disneyland. Tout ça fera des photos que personne ne regardera jamais. N'aurais-je pas pu avoir des Portugais autour de moi ? ou des Belges ? ou même des Allemands ? Ils auraient raconté les mêmes sottises mais au moins n'aurais-je pas tout compris !

Derrière, il y en a deux du genre que j'aime pas, avec le petit tailleur que j'aime pas, avec le petit sac que j'aime pas, avec le blond faux blond dans les cheveux que j'aime pas, avec des petits visages et des nez trafiqués comme j'aime pas. Et faut les voir, ou plutôt faut les entendre, depuis dix minutes : c'est parti sur les « ventres à louer » et ça y va dans le genre philosophico-apeuré.

Il y en a une, cependant, qui n'a pas l'air trop bête, qui ne dit pas grand-chose et qui essaye de calmer l'autre. Mais cette conne est hystérique. Les ventres à louer, ça la rend « malade », si elle veut un enfant, c'est un enfant qu'elle fera avec « son » ventre. Et puis elle insiste. Elle recommence. Ce qui la choque, surtout, c'est que ces femmes se fassent « payer ». C'est fou combien l'argent peut les choquer. Comme s'il était inconvenant qu'une femme puisse passer neuf mois de sa vie à fabriquer du bonheur pour une autre dont le ventre a quelques ratés et demander quatre sous pour ces neuf mois de travail.

Un enfant ça doit être fait « dans l'amour », dit-elle encore... Allons donc ! Les écoles, chacun le sait, sont peuplées d'enfants de divorcés. Moi-même, j'ai été élevé par mes grands-parents.

Et à l'évidence, la disparition de mon grand-père il y a sept ans, la santé de ma grand-mère aujourd'hui m'ont bouleversé — et me bouleverseront toujours cent fois plus que tout ce qui pourrait arriver à mes parents (cela dit, quelle que soit la tendre affection que je leur porte en vieillissant...) « Ventres à louer » ? Allons donc ! Pourquoi ne pas dire « maman cigogne » ? Ce serait tellement plus joli...

L'avion avance toujours. A la lumière du dehors les après-midi s'allongent, les matins se bousculent, les montres se basculent. Heure de New York, heure de Paris. Ce serait bien d'avoir, comme ça, des journées à deux après-midi, deux nuits, deux matins. Faudrait vivre en avion, Soledad.

Jeudi 1er novembre.

Dans moins d'une heure nous serons à New York. Je commence à en avoir vraiment assez. Templon, fort aimablement, m'a donné des magazines et des catalogues de ventes publiques. Ce soir, m'a-t-il dit, nous irons assister à une vente publique, ce sera drôle. Même si j'aime l'argent, même si ça ne me fait pas peur, même si je trouve ça sain et que je refuse de toute mon âme les sociétés où les cartes de crédit sont remplacées par celles du Parti, je dois dire que les ventes publiques d'œuvres d'art, ça me fait toujours un effet bizarre.

Donc, j'essaie de regarder le catalogue de la vente de ce soir. Il y a de beaux tableaux. Et puis, au milieu, quelques nouvelles peintures genre dégoulino-expressionno « eh oui, c'est un petit oiseau, vous l'avez reconnu ». Il y a un Allemand — tu sais, celui qui fait tout à l'envers : un soldat, une femme, un monsieur assis, un oiseau au bord d'une rivière, un casque à pointe, mais chaque fois à l'envers (encore qu'un jour, en regardant de près, je me suis rendu compte que certaines de ces toiles étaient peintes à l'endroit. C'est en tout cas ce que les dégoulinures démontraient claire-ment). Je vois assez bien ce malheureux en train de peindre avec de mauvais pinceaux ses oiseaux bêtes, et se dire au dernier moment : « Ah ! n'oublions pas, retournons-les », et retourner le perroquet; et, en bas à droite, mais à l'endroit cette fois-ci, sa signature. Ce qui me gêne le plus dans cette nouvelle peinture, c'est peut-être qu'elle m'oblige à faire une chose que tout le monde fait, mais à laquelle j'ai toujours eu des difficultés à me résigner : parler en disant « les »

Italiens, « les » Allemands, « les » Français, « les » Américains et puis, dans quelques mois peut-être, « les » Serbo-Croates, « les » Hongrois, parce qu'il n'y a pas de raison pour que cette mode s'arrête à quelque frontière.

Au milieu de tout cela, il y a donc les Allemands. Ils sont bien spéciaux, bien reconnaissables. Il faudrait quand même qu'on en parle une bonne fois, des Allemands. Je sais, ça énerve tout le monde. Surtout ceux que n'ont guère dérangés les événements de 1939-1945. Et je devine souvent, quand j'essaie de mettre le sujet sur le tapis, ce geste dans les épaules, ce plissement dans le regard qui veut dire : « Encore les juifs et les Allemands, ça suffit ! » Les cons ! Comme s'il ne s'agissait que des juifs et des Allemands...

Le mystère, pour moi, c'est comment ce pays de petites cours, de Bade-Wurtemberg, de Schleswig-Holstein, ces décors qui servaient à *Adolphe* et au *Cahier rouge*, ces duchés, ces principautés, ces comtés aux maisons aux façades pastel, ces villes d'eau pour femmes fragiles, ces terres, cette culture, oui comment Bach, Mozart, Beethoven, Kant, Hegel, Goethe, et enfin, par-dessus tout, le Bauhaus, ont pu servir de décor et de figurants impuissants à la suite du drame. Comment, tout d'un coup, un roulement de tambours, les épiciers en faillite, les marchands d'autos trafiquées, tous les minables... Car ce sont des minables. De pauvres malheureux minables. Ils parlent d'« êtres inférieurs » et je ne suis pas fermement persuadé qu'ils aient tort. On ne me fera pas croire, à moi, que tous les hommes sont tout à fait égaux et qu'un Lacombe Lucien est l'égal de l'homme merveilleux, de l'homme de bien, de culture et d'intelligence dont cette petite ordure de paysan illettré devint le tortionnaire. On ne me fera pas croire, non plus, que Bonny et Lafont, repris de justice, vendeurs de voitures d'occasion, sont aussi les égaux de ces hommes et de ces femmes qu'ils ont torturés et fait partir dans les camps. On ne me fera pas croire que les Italiens imbéciles et déguisés qui, eux aussi, s'étaient mis à la mode des stades, étaient les égaux de ces hommes, de cette jeune fille qui se promenait dans le jardin des Finzi Contini. C'est ça l'extrême droite depuis 1923, depuis que l'Europe a vu sortir cette horreur comme le pus sur une jambe qu'il va falloir couper. C'est, avant tout, un ramassis de ratés, de pauvres types et — j'assume le mot — d'êtres inférieurs. « Il fallait sauver l'Europe du bolchévisme », disaient-ils. Ils ne savaient même pas, les cons, ce que c'était que l'Europe. Aucun de ces manants n'était capable de comprendre l'intelligence de la sonate 111 de Beethoven, d'un plan de Raphaël ou d'un croquis de Marcel Breuer... Je vais te dire, Soledad : c'est eux, au fond, qui ont permis aux Russes de couper l'Europe en deux; c'est leur médiocrité radicale qui a fait que les Russes ont gagné à Yalta; l'extrême droite roule depuis ses origines, jusqu'à aujourd'hui compris, pour le fascisme rouge. Ils me font rire ! Fascisme noir, fascisme rouge : c'est tout juste bon pour les journalistes louches de la grande et totale information trafiquée qu'on nous balance à longueur de journée. Fascisme noir, fascisme rouge : tout ça commence à peu près de la même manière, tout ça continue aujourd'hui dans les mêmes camps du Nord Liban, dans les mêmes camps syriens, avec du matériel russe et des instructeurs russes, pour servir aux objectifs soviétiques. Le reste n'est que littérature.

L'Allemagne donc, et la peinture allemande. Je n'ai pas oublié ce député vert qui était un ancien nazi. Je n'ai pas oublié l'Allemagne de l'Est récupérant tous les anciens nazis. Que veux-tu, ma chérie ? Je n'appartiens pas, moi, à une communauté qui a tué six millions de gens, à un pays qui a livré la moitié de l'Europe aux Russes. Je n'ai pas été pilote de Stuka comme Joseph Beuys, et s'il y a bien une chose que je n'accepterai jamais ce sont les erreurs de jeunesse. Entre seize et dix-huit ans, jeune pied-noir, je militais pour l'Algérie algérienne, parce que l'Algérie telle que je la voyais était inconciliable avec l'idée que je me faisais du monde, avec les valeurs que je me choisissais. Alors, on ne me fera pas le coup de l'erreur de jeunesse, on ne me le fera plus jamais. Entends-moi bien. Ce n'est pas simplement d'avoir été pilote de Stuka que je reproche à Joseph Beuys. Céline, par exemple, était une ordure qu'on aurait dû fusiller en 1945, mais c'est vrai qu'il a sa place dans l'histoire de la littérature et c'est vrai, surtout, que la morale n'a rien à voir avec les choses de l'art. Joseph Beuys, en revanche, chaque fois que j'ai pu entendre ou lire, traduits en français, ses propos et discours — qui ont dans son œuvre une place si importante — je me suis demandé comment les gens autour de moi pouvaient ne pas rire devant tant de débilité vulgaire.

L'Allemagne encore. L'Allemagne toujours. Je suis, moi, pour une Allemagne réunifiée, une Allemagne avec des philosophes, une Allemagne avec de la musique, une Allemagne avec des

milliers de « Château Sans-Souci », une Allemagne où nous irions, toi et moi, prendre nos
eaux, pendant les mois de l'été, puisque aussi
bien jamais nous n'irons traîner sur les plages au
soleil en ces saisons.

En fouillant dans mon sac, je viens de
retrouver une vieille page découpée dans *le
Monde* (10 septembre 1984) où on explique que
Goebbels et Speer aimaient l'expressionnisme
allemand, plus précisément les aquarelles de
Nolde. Goebbels aimait Van Gogh. En 1934
encore, Marinetti et les futuristes italiens expo-
saient à Berlin. Goering fit partie du comité
d'honneur de l'exposition et participait au vernis-
sage. Je ne veux pas dire par là que ces artistes
étaient des nazis. Mais, sans pouvoir te l'expliquer vraiment ni te le démontrer, j'ai la conviction que jamais sur leurs murs Goebbels et
Goering n'auraient pu mettre un Malevitch ou un
Mondrian; et que, en revanche, quelles que
soient les haines d'Hitler, leurs menues diver-
gences esthétiques, le fait que certains d'entre
eux aient dû, à partir d'un certain moment,
planquer leurs Van Gogh, leurs Nolde, leurs
Fenninger, il passe des choses dans l'expressionnisme qui n'ont rien de contradictoire avec
l'horreur qui passe dans la tête d'un nazi. Ces

choses sentent la mort, ces choses sentent le laid, ces choses sentent les ruines, ces choses sentent la tripe, ces choses ne sentent jamais l'intelligence, ne sentent jamais la musique. Cette peinture, on ne pourrait jamais la regarder en écoutant par exemple Mozart ou Debussy. Tiens, c'est vrai. Voilà un bon critère. Il suffit de se demander : « Qu'est-ce que je pourrais écouter en regardant cette peinture ? » Eh bien, on ne me fera pas croire qu'on peut écouter la même musique en regardant les *Nympheas* de Monet ou une toile de Motherwell qu'en regardant une toile de Max Beckmann ou de l'un de ces Berlinois d'aujourd'hui.

Vendredi 2 novembre.

Il va être bientôt deux heures du matin, ce qui veut dire qu'il sera bientôt huit heures chez toi. Après-midi passé très vite. Jean-Claude et Jacqueline. Singer building. 561 Broadway. Un superbe tapis d'après une toile de Matisse. Jacqueline est très belle, très intelligente, très douce. Et la vente s'est déroulée comme il se devait : la plupart des pièces entre cinq cents millions et un milliard de centimes — et un dessin de De Kooning (50 × 70 cm) pour plus d'un milliard et demi. C'est fou. Mais ça ne me dérange pas, ce soir. Ça me plairait même plutôt.

Vendredi 2 novembre.
Vers 6 heures de l'après-midi.
Chez Jean-Claude et Jacqueline.

Ce matin, levé tôt, pas fatigué. Petit brunch superbe. Jacqueline fait des pane-cakes à la minute qui sont vraiment déments. Elle m'a promis qu'elle allait m'apprendre à les faire. M'imagines-tu, un jour, sachant faire la cuisine ? Vers midi, Moma. Primitivism. Catalogue superbe, immense. Pas le temps de lire. Pas sûr d'avoir compris. Influence de l'art primitif sur l'art contemporain... Correspondances des sensibilités... J'ai toujours refusé l'idée d'une filiation mécanique entre art nègre et cubisme. Pourtant : photos Picasso, atelier Montmartre, masques sur les murs, peinture même période. Troublant.
    Longue balade dans le musée. Salle Matisse. Salle Picasso.
    Les gens qui me disent : « Mais alors, vous n'aimez rien ? » Comment cela, je n'aime rien ? J'aime tout, au contraire : Franz Kline, Cham-

berlain, Sam Francis, Ad Reinhart, Arman, Morris Louis, Calder, Rothko, Albers, Tapiès, Soulages, Debré, Rauschenberf, Diebenkorn (même s'il n'y en a, je le crains, pas un seul en Europe), Stella, Lichtenstein, Frankenthaler, Antony Caro, Ryman, Bob Morris, Serra, Dorothea Rockburne et les petits projets d'Alice Aycok, Brice Marden, Richard Long. En veux-tu, en veulent-ils davantage ? Je ne peux tout de même pas aimer tout à fait tout le monde...

Il est six heures à présent, donc. La nuit tombe sur Manhattan. Templon va venir me chercher. Je crois que tu as raison de vouloir te marier. Sincèrement. Etre contre le mariage en général, cela peut devenir aussi stupide qu'être pour. Et puis, un mariage qui commence sans toutes les sucreries qui envahissent ce genre d'histoire à leur début, c'est plutôt bon signe. Qu'il mette autant d'élégante santé à passer ses nuits avec d'autres femmes que tu le fais avec d'autres hommes — et je suis prêt à parier que votre mariage durera très, très longtemps. Que Dieu te bénisse !

Vendredi 2 novembre.
Chez l'ami Venet à Canal Street.

Entre onze heures et minuit, entre du champagne avec des bulles et des bulles avec du champagne. « The evening », comme on dit ici.

La soirée a commencé 57e Rue. Exposition de ce type qui casse des assiettes et qui les vend si cher. A Nice, place Saint-François, on a un magasin qui s'appelle « Au tombeau de la vaisselle ». Que diraient ces gens s'ils savaient qu'un jour leurs services dépareillés finiront dans un musée ?
Car c'est ça. Ce n'est *que* ça. Ce type casse. Casse encore. Et comme il a peur que les assiettes toutes seules, ça puisse faire un peu triste, il y colle un morceau d'arbre, une corne d'un cerf, un vague christ vaguement en croix, un peu de peinture aussi, encore que de moins en moins — et hop ! le tour est joué... C'est bien le diable s'il n'y en a pas une qui dira : « C'est étonnant. »
Comme si l'étonnement avait quelque chose à voir avec la peinture ! Comme si la peinture devait étonner ! Pour l'étonnement, il y a les

pétards à jeter sous les tables... Pour l'étonnement, il y avait, jadis, juste après la guerre, les
starlettes toutes nues dans le froid à Cannes...
Pour l'étonnement, après l'autre guerre, il y a eu
Dada, la Joconde en train de faire pipi debout,
des ânes marchant vers la lune comme à
Gonfaron, dans le Var (83), sud de la France...
Oui, tu le sais, ces histoires d'étonnement m'ont
toujours énervé. J'ai toujours haï ces temps des
pleureuses, où l'un peint la tripe qui dégouline,
où l'autre se coupe l'oreille, où un troisième nous
assène ses bœufs écorchés. Rien à voir, tout ça,
avec la vraie peinture...

Enfin bref, il y avait donc des assiettes
cassées... Bien cassées... Proprement cassées...
Avec un ou deux grands formats, bien sûr,
puisqu'il faut toujours étonner — mais aussi de
nombreuses toiles de petit format, celles qu'on
peut mettre partout, au-dessus du canapé, entre
deux fenêtres : 80 cm de large, 120 cm de haut, à
moins que ce ne soit l'inverse. Et, en sortant de
là, nous sommes allés dans un restaurant chinois,
« le meilleur » a dit Templon, où je n'ai cessé,
moi, tandis que les autres se débattaient avec
leurs nids d'hirondelles, de rêver couscous,
merguez, Merenda, rougets grillés au soleil du

Safari, carrés d'agneau sous les figuiers de la Colombe...

Je n'ai pas rêvé longtemps. Car ils ont mangé très vite. Et nous sommes tous partis en direction de Brooklyn. Puis, de là, Dowtown où on a grimpé au dernier étage du World Trade Center. Et, comme des ploucs, à travers les vitres d'un bar réservé pour je ne sais trop quelle soirée, on a vu, collés aux fenêtres, le New Jersey et le Queens, l'West et l'East. Comme il était beau, là, en face, droit devant, cet îlot carré en forme de grande lumière géométrique : Manhattan !

Depuis le morceau de table où je t'écris ces lignes, je vois la mer, ou plutôt la rivière. Je me sens si bien, tu sais, que j'ai fait des dessins avec des fusains et un vieux tube d'acrylique bleu, bleu chaud comme je l'aime, et puis un vieux pinceau. Je ne suis pas sûr de les aimer tous, mais il y en a un qui est beau : je crois que je vais le donner à Bernar.

Samedi 3 novembre.

Longuement parlé, ce matin, devant un super-marché, avec deux types et une fille qui distri-buaient des tracts pour Mondale-Ferraro. La

pauvreté en Amérique... Le shah d'Iran... L'ho-
reur du fascisme en Amérique latine... La
saloperie de Reagan... Tous les poncifs y sont
passés... Et pas la peine d'essayer de leur
répondre Cuba, Khomeyni, URSS, etc. : ils
avaient les visages de ces gens qui vendent
l'*Humanité-Dimanche* le samedi soir place Saint-
François à Nice, et le dimanche matin à l'angle de
la rue d'Alésia et de l'avenue du Général-
Leclerc; ils avaient ce visage de braves gens,
pleins de bonne volonté, de haine du malheur et
d'amour de la paix, qui désarme toute discussion
et qui distingue, soit dit en passant, le militant
d'extrême gauche de l'ordure d'extrême droite;
ils avaient ce visage donc et m'ont tourné le dos,
finalement, non sans un peu de mépris comme si
j'étais, moi, une sorte de fasciste... Eh bien,
non ! pas d'accord ! Je ne suis pas d'accord avec
leur angélisme primaire. Car une des mille
raisons qui font que je suis de gauche c'est la
certitude que j'ai qu'être un homme tel que je
l'entends c'est être prêt à tout pour défendre la
définition que l'on se fait de l'homme; c'est, par
exemple, le souvenir que j'ai de ce film admirable
qui a pour titre : *Mourir à Madrid* et dans lequel
une femme tout habillée de noir criait dans
Barcelone : « Mieux vaut mourir debout que

vivre à genoux ! » C'est ça le problème. Le problème n'est pas de savoir si on va mourir ou non, mais si on a envie d'être des hommes libres, des hommes qui peuvent tous les matins se regarder, regarder leur vie et ne pas en avoir honte. Pour rien au monde je ne voudrais d'une vie sans attente, sans ferveur. Et je préférerais presque, en ce sens, être polonais plutôt que finlandais.

Mais il se fait tard, Soledad. Et Venet m'a invité à déjeuner avec des amis français. Sache seulement que ce jour, samedi 3 novembre, en ce presque midi de New York, je jure solennellement que plus jamais je ne parlerai de politique, que plus jamais je ne lirai un journal, un article, qu'à jamais j'éteins la télévision... Enfin, bon; tu me comprends, n'est-ce pas ?

Samedi 3 novembre, 4 p.m.
West Broadway. Un « Wine bar » à côté du *420*.

La rue est pleine de monde, les gens ont l'air heureux. Il y a des galeries partout. Je vais bien. Je n'ai peur de rien. Je finis par croire que, moi aussi, je me marierai un jour, que je ferai des enfants, plein d'enfants, et puis des bouquets de fleurs, et puis des femmes nues et des couchers de soleil. Mais quand j'en aurai envie. Pas parce qu'il le faudra. Car, dans cette affaire de figuration, ce qu'il y a de pire, vois-tu, c'est le cas de ceux qui, en courant, ont retourné leurs vieilles toiles abstraites et y sont allés gentiment de leurs bouquets de fleurs et de leurs citations figuratives.

Il y a du soleil partout. Il y a une maison en construction juste à côté de chez Arman, avec des arcades. Ombre et lumière... Arcades... Chirico... Ce cinéaste français que j'aimais bien quand j'étais petit, et dont Nadia m'a dit un jour, en sortant de *Providence* : « C'est le genre de film qu'ils font pour faire réfléchir les jeunes filles de bonne famille... » Il existe comme ça, des œuvres dites « d'art », qui sont faites pour faire réfléchir ceux qui ne savent pas vraiment réfléchir ni vraiment ce que c'est que l'art. Resnais... Chirico...

Samedi 3 novembre.

Chez Jean-Claude. On va partir dans un moment. On va aller dans Chinatown. J'aime trop Jean-Claude et Jacqueline pour leur dire combien je suis malheureux d'aller à Chinatown. Il paraît que c'est un restaurant « génial ». Je donnerais le meilleur restaurant chinois de New York pour un plat de pâtes vertes au pistou de mon ami Giusti.

Il faut que je te dise, encore, que l'après-midi a été superbe. Que j'ai vu une très belle exposition autour de l'atelier de Mondrian. Je t'ai acheté le catalogue. Mondrian dit dans une note que les gens comme lui sont davantage « chez eux » dans le métro qu'à Notre-Dame, et qu'il préfère la tour Eiffel au mont Blanc. C'est te dire si cela m'a plu.

Après, j'ai vu une exposition de Cuchi, et je commence à comprendre quelque chose à cette peinture que je n'aime pas. D'abord les toiles que j'ai vues, ces trois grandes toiles, étaient très belles. Vraiment très belles, je ne plaisante pas. Un peu abstraites. Un peu Arte Povera. Et puis, je crois que, dans toute cette nouvelle peinture, il faut, en réalité, séparer les choses.

Il y a les Allemands d'un côté. Puis, il y a les Italiens. Car on ne fréquente pas impunément une sacristie de Lombardie. On ne vit pas, sans qu'il en reste quelque chose, sur une place en Ombrie. Tu n'as qu'à voir Rubens déjà, ses kermesses, la gueule de ses personnages, entre la bière et la choucroute : il n'y aura jamais de place pour un visage du Pontormo chez Rubens. Et puis, il y a les Américains enfin. Le pauvre type qui casse les assiettes, c'est un peu un cas spécial. Car il y a Basquiat. Et puis il y a David Salle. Et puis il y a tous ces gens qui savent quand même ce que c'est qu'un espace, une ligne dans un espace, la peinture d'une couleur à travers les différents jeux possibles de la représentation, une figure en creux, le tangible de sa présence. Ces journées m'auront au moins servi à cela : ne plus tout confondre. Elles m'auront appris qu'en définitive, le problème n'est peut-être pas celui de la figuration ou de la non-figuration — mais celui du type de sensibilité qui passe dans une œuvre d'art, du système de valeurs duquel elle se rapproche.

Les valeurs de Cuchi et de David Salle ne sont pas loin des miennes.

Dimanche 4 novembre.
South Sea Port.

Il y a de vieux voiliers et je déjeune au soleil. Anicka prend des photos et regarde le catalogue.

C'est dimanche à New York. Il y a des familles entières qui vont visiter les voiliers. J'ai essayé de parler littérature avec Anicka. Mais ça a été un peu difficile. Avec la peinture, avec la musique, il y a quelque chose qui passe et qui est totalement universel. Avec Shakespeare, en revanche, si on ne parle pas merveilleusement et complètement l'anglais, ce ne sera jamais possible. Dans la logique qui est la mienne de partager le plus possible de choses avec le plus possible de gens, la peinture, l'architecture et la musique auront toujours, à ce titre, une certaine supériorité. J'ai failli en être triste, et puis j'ai pensé : qu'est-ce que la littérature française ? Racine, Pascal, Perse, peut-être ? Alors que Versailles, alors que Nicolas Ledoux, alors que Poussin, alors que Philippe de Champaigne, alors que Monet, alors que Cézanne, alors que Matisse...

Lundi 5 novembre.
Bar du Carlyle.

Je suis arrivé un peu en avance parce que je voulais pouvoir, ce matin, faire un tour du côté de l'atelier de Mondrian 15 East 59ᵉ. Il n'y a rien même pas une plaque comme on voit quelquefois chez nous, en Europe. Seulement une immense maison. Alors j'ai remonté à pied Madison. Dans le Carlyle lui-même, il y a une galerie. Sérieux international. Miró, Léger, Renoir. Un Magritte aussi, paysage de Magritte, petits nuages au fond, chevalet au milieu du tableau et, sur le chevalet lui-même, un autre tableau, une nature morte, mais à l'envers : les pommes et le compotier avaient la tête en l'air. Ça m'a fait rire. J'ai pensé à ce peintre allemand dont je te parlais l'autre jour. Et dire que Magritte, lui-même, quand même une référence, n'a osé en faire qu'un seul. Sacré Magritte, va !

Mardi 6 novembre.

One a.m. Je partirai ce soir, en fin d'après-midi. Vu, en début d'après-midi l'exposition Van Gogh. J'aimais bien Van Gogh quand j'étais petit, à l'époque où j'aimais Alain Resnais, peut-être même avant. Van Gogh m'ennuie maintenant. Il m'agace. Sauf cette histoire, lue l'autre jour, selon laquelle il s'était mis en ménage avec une pute. Je trouve ça assez drôle. Car j'imagine qu'avec une professionnelle à la maison on est moins tenté de sortir. Et tu sais

combien j'ai envie d'être casanier en ce moment.
Mais à part ça, je te dis : ses champs de blé, tout
ça, ça me barbe...

Il y avait une chose intéressante, quand
même : deux tableaux côte à côte. 108 : *Entrance
to the Public Garden*. 109 : *Public Garden with
couple and Blue Fir Tree : Poet's Garden Tree*.
J'ai demandé à Anicka lequel elle préférait :
c'était le 109. Moi aussi. Moins de détail. Une
économie dans la composition qui donne une
force à l'équilibre. Une palette moins riche aussi,
mais qui renforce le tableau lui-même. Blanc-
gris, bleu-gris, vert-gris, deux courbes, un mauvais rectangle, deux personnages comme deux
bâtons. Un écrivain parlant de ce tableau ne
parlerait que des personnages, de la solitude de
ce couple qui se tient la main, comme perdu dans
le paysage, et en avant pour deux feuillets sur la
solitude et la folie de Van Gogh. Moi, je suis
peintre. Je vois des lignes et des couleurs. Je ne
fais pas dans le courrier du cœur. Alors la
« solitude », je laisse ça aux radios qu'on appelle
« libres » après 2 heures du matin. Et je vais
dormir, Soledad.

Mardi 6 novembre.

Aux alentours de 7 p.m. Dans pas longtemps ça va crier dans les haut-parleurs au-dessus de ma tête : « Vol 803 pour Paris Charles-de-Gaulle ! » J'espère que je vais comprendre. Il y a eu une journée plutôt calme, plutôt vide. Election day. J'ai traîné. Longue promenade. Lower East Side. Et puis vers midi, Witney, peinture américaine, des choses que j'aime, pas d'agression. N'ai acheté aucun journal français. Fait deux courses dans les grands magasins d'Upper East Side. Eté dire au revoir à Hervé. Seules choses un peu tristes pendant ce séjour ici : m'être engueulé avec ces malheureux démocrates de l'autre matin, et ne pas avoir assez vu Hervé. Après, j'ai traversé la ville un peu dans tous les sens. Et puis il y a eu la grande autoroute qui longe la rivière à l'est de la ville. La fin du jour à travers le pont. Le jaune de l'eau du fleuve. Le gris des nuages dans le ciel. Et juste l'orange du soleil qui se cache et qui glisse entre les deux jaunes. Et puis le gris qui joue à travers l'acier noir du pont qui défile. Ma tête en arrière. Le silence dans la voiture. La cigarette à la menthe d'Anicka. Le tailleur blanc d'Anicka. Les cheveux blancs d'Anicka. et puis le gris et le doré du ciel, encore une fois. Et puis, encore, tout seul à l'arrière de la voiture, le pont retraversé jusqu'à l'aéroport. Voilà cinq jours que je n'ai rien fait. Il faut que je rentre vite. Que je rentre et que je travaille. Les choses sont simples, pour moi, maintenant : d'un côté il y a Malevitch, Mondrian, Matisse, mais aussi Balthus, David Hockney, Cuchi; et puis de l'autre il y a Chagall, Picabia, Bottero et puis Dada et les peintres de Berlin.

Election day. Qui va gagner ? Tôt ou tard les Russes feront la guerre.

Election day. Qui va gagner ? Si les hommes libres avaient frappé dès 1933, si les hommes libres avaient frappé au lendemain de Munich...

Election day. Qui va gagner ? Tous ces hommes politiques qui confondent la politique et l'histoire, qui sont là pour sauver des miettes de pouvoir alors qu'il s'agit de décider le XXIe siècle, qu'attendent-ils donc pour parler ?

Du reste, non ! Faut plus que je pense à ça. Faut plus que je t'en parle. En parler, c'est une manière sournoise de ne pas aimer la peinture que je fais, de pouvoir m'en éloigner. Alors que je devrais me protéger, m'enfermer... Je voudrais tellement te dire un dessin. Ou encore, plus simplement, demander à ces gens de partir, de partir avec leurs vilains habits, avec leurs vilains enfants, de partir avec leurs vilaines odeurs. Ou encore, te demander de venir, là, près de moi, pour que nous fermions les yeux, et cessions de voir ce monde, même vide. Alors en buvant du vin blanc, nous parlerions ensemble de la peinture, de nous, de la vie. Tu me dirais les jardins japonais. Tu me dirais que nous allons faire un voyage, que nous irons à Buenos Aires pour écouter chanter Valeria Munariz. Tu me dirais qu'alors, en arrivant dans cette ville, le temps sera gris, mais pas très froid. Tu me dirais que la pluie en fin d'après-midi y sera douce pour marcher sous les arcades. Tu me dirais que tu y connais une brasserie avec de vieux miroirs déteints et avec, à l'heure de l'apéritif, quatre violonistes qui joueront comme au café Quadri. Tu me dirais encore que nous habiterons dans un hôtel, dans un de ces immeubles qui ressemblent tant à ceux de Paris. Tu me dirais que la salle de bains sera aussi grande qu'un salon et toute de carrelage blanc, de linge blanc et or. Tu me dirais que dans le salon, juste avant la chambre, il y aura un piano et qu'en attendant le jour, tôt le matin, tu me joueras des musiques de Satie. Tu me dirais encore, et me dirais surtout que tu auras apporté dans le coin du salon une grande et haute table pour que je dessine durant la nuit.

Alors, en attendant l'avion et après avoir décidé de partir pour ces terres du Sud, sans même repasser par Paris Charles-de-Gaulle, je prendrais mon livre *Douve*, bien sûr. Je l'ouvrirais à la page 108 — et je te lirais :

Veilleuse de la nuit de janvier sur les dalles,
Comme nous avions dit que tout ne mourrait pas !
J'entendais plus avant dans une ombre semblable
Un pas de chaque soir qui descend vers la mer.

Ce que je tiens serré n'est peut-être qu'une ombre,
Mais sache y distinguer un visage éternel.
Ainsi avions-nous pris vers des fresques obscures
Le vain chemin des rues impures de l'hiver.

ENCORE

Où aller quand tout le monde est partout ?
Temps de fin d'année, temps de vacances, quelle
drôle d'idée. Les vacances et la retraite. Quelle
misère ! Au fond, le seul véritable luxe c'est
d'avoir une vie qui vous permette de vivre sans
vacances et sans retraite. Je suis depuis hier en
Avignon. J'aime bien, en fin d'année, passer trois
jours dans un hôtel pour voir trois toiles dans un
musée, marcher, rêver, manger dans de vagues
restaurants : trois jours pour faire la même chose
que tout le reste du temps de l'année, mais dans
des villes un peu différentes. Disons : des villes
avec beaucoup de silence.

J'avais pensé à Trieste, que je ne connais pas à
cause, sans doute, de Morand, à moins que ce ne
soit de *Senelita*, ce film tiré d'un livre, mais les

livres m'ennuient. J'avais aussi pensé à Viterbo, encore à cause d'un film. A Urbino, à cause de Paolo et de Piero. Et puis j'avais pensé aller à Séville voir un peu comment est ce pays où catholiques, juifs et Arabes, jadis, ont élégamment cohabité. On m'a toujours raconté des histoires très belles sur l'Andalousie et sur les princes arabes. Nadia me parlait un jour d'une princesse qui s'appelait Ytimad et qui désespérait son mari par sa tristesse. Alors que celui-ci s'inquiétait de son malheur, la princesse lui dit d'une voix faible :

« Prince, c'est le désert qui me manque. Le désert et le sable du désert sous mes pieds. »

Le prince lui dit :

« Princesse je vous amènerai très vite, à nouveau, vers le désert. »

Mais elle lui répondit :

« Mon prince, très vite sera trop tard. C'est aujourd'hui, c'est demain que je veux, que j'ai besoin du désert. »

Et le lendemain matin, alors que, comme tous les jours, dès l'aube, elle partait se promener à travers les orangers de son parc, elle ne reconnut sous ses pieds ni le marbre ni le dallage de son jardin fermé. Au premier pas, c'est son corps entier qui fut envahi par une douceur et la caresse du sol, la même profondeur qu'un sable, et en même temps une plus extrême douceur que les sables les plus doux. Le prince, pendant la nuit, avait fait recouvrir tout le jardin de sa bien-aimée de milliers de millions de pétales de roses... L'islam, tu vois, c'est quand même autre chose que les follasses tripolitaines, déguisées en madelons, qui roulent pour Moscou ou que les barbares khomeynistes qui travaillent pour le Diable ! Quand je pense que ce sont les Français qui ont hébergé Khomeyni, que c'est avec un avion français qu'il est retourné en Iran... Du reste, non. Je ne veux pas penser à cela aujourd'hui, en Avignon.

A propos de choses dont je ne veux plus entendre parler, il faut que je te dise combien j'ai été mécontent de cet article que tu m'as envoyé. Tu sais, ce journaliste qui s'est fait attraper en Afghanistan et qu'ils ont relâché au bout de quinze jours. Tu avais cent fois raison ! Ce qu'il dit est énorme, scandaleux, crapuleux. Mais il faut que tu saches une chose : quand je lis une page comme celle-là, c'est une heure au moins pendant laquelle je ne pourrai pas travailler. Comment veux-tu que je reste calme, quand je lis que ce type aurait voulu passer quelques jours de plus en prison ? que l'occupation soviétique, selon lui, ce n'est pas si mal que cela en définitive ? et que, si on laissait les Afghans se débrouiller, on risquerait de les voir installer un régime de droite rétrograde, représentant tout l'extrémisme de l'islam ? Peut-être a-t-il raison. Mais il fallait me le dire avant, dans ce cas — lorsque j'avais seize ans et que j'expliquais aux gens que j'aimais, à ma famille, à mon grand-père, que les Algériens devaient se débrouiller, installer le régime de leur choix, bref, devenir indépendants.

La vérité, Soledad, c'est, une fois de plus, que je ne veux plus parler, *entendre* parler de tout ça. Et ce, pour une raison bien simple : je n'ai pas le temps; je n'ai *plus* le temps; je n'ai qu'une vie, moi aussi, et elle est largement entamée mainte-nant. Non, je n'ai plus le temps de rien, plus le temps de lire les journaux, plus le temps de faire semblant avec les cons, plus le temps de tartiner des bons sentiments sur la carte du monde, de faire l'intéressant, de vaticiner sur les droits des peuples, la détérioration des termes de l'échange, les numéros spéciaux des *Temps modernes*, et les livres que nous achetions au milieu des années soixante, dans cette librairie qui s'appelait « La joie de lire », au bout du boulevard Saint-Michel, sur la droite — tu vois, je n'ai plus le temps.

Prends Avignon. C'est beau, Avignon. La cour du musée Calvet, ses jardins, avec ses paons. J'aime Avignon depuis l'époque où j'y venais lorsqu'il n'y avait presque personne. Le matin, il y avait Vilar qui prenait son café à La Civette. L'après-midi, dans les jardins d'Urbain V, les gens parlaient. C'était tout petit. J'ai longtemps pensé qu'un jour je vivrais en Avignon, que j'aurais un grand appartement dans un vieil hôtel pendant un an, pendant deux ans. Maintenant je sais que c'est fini. Dans les villes que j'aime, je passerai deux jours une fois tous les deux ans, si tout va bien — et je n'en ai aucun regret.

De même les maisons, les meubles, les maisons qu'on arrange, les feux dans la cheminée, le regard des enfants devant les arbres de Noël le 25 décembre à 8 heures, le repas de midi chez les parents, la photo après, pour montrer aux petits-enfants et, pourquoi pas ? aux arrière-petits-enfants — « Vous voyez, là, derrière le monsieur avec les cheveux blancs et qui se tient très droit, c'était le grand-père de grand-père » — de même tout ça, donc, c'est fini pour moi. Ça a même fini avant d'avoir commencé. Je n'ai décidément pas le temps… S'il y avait un hôtel, je vivrais à Saint-Isidore, à quinze kilomètres de Nice, dans la plaine du Var, parce que, pour l'instant, c'est là que je travaille, et que je travaille le mieux. Les maisons, ça prend du temps. Les enfants, ça prend du temps. Et le temps, c'est la seule chose que je n'ai pas et avec laquelle j'entretiens désormais ce rapport un peu peureux que les cons entretiennent avec l'argent. Je deviens de plus en plus radin avec le temps. J'ai eu quarante ans en juillet dernier, tu le sais. Tu m'as même envoyé quarante tulipes blanches. Et j'ai pensé, en les recevant : « Fleurs blanches — voitures noires. »

A part cela, je dois te dire ma vraie tristesse en arrivant ici, quand j'ai appris que Hiely était fermé. Mais comme la mauvaise nouvelle me fut délivrée dans les salons de ce magnifique hôtel de l'Europe, d'où je t'écris, ma peine fut moins grave. D'autant moins grave, ma chérie, que j'ai tout de même trouvé une table à La Fourchette; que ma terrine de volailles à la purée d'oignons et mes escargots en meurettes étaient parfaits; et que le vin blanc que j'ai pris, des Papes bien entendu, quoique trop jeune encore, trop vert, n'était pas mauvais non plus... La prochaine fois, Soledad, envoie-moi des livres de cuisine, des ouvrages sur le vin, tu entends ? Je ne veux plus de ces histoires stupides de journaliste minable qui vient raconter que les Russes, au fond, c'est pas si mal que ça. Dire que si j'avais été à Paris, j'aurais hurlé, moi aussi : « Libérez l'imbécile ! Libérez l'imbécile ! Libérez l'imbécile ! » Tu parles ! comment ne pas libérer un type qui va raconter, ensuite, des choses pareilles ?

Dehors il fait froid. Il fait froid comme il fait froid quand il fait froid en Avignon et qu'au malheur de l'hiver s'ajoute la force du mistral. Et ça ne me déplaît pas.

Mais soyons sérieux. Giovanni Battista Martini da Udini. *La Vierge et l'Enfant.* Ce n'est pas un grand tableau, non. Jésus y a l'air d'un petit vieux, avec des cheveux de chauve. La Vierge ressemble à un joli travelo qui aurait appris à jouer du violoncelle. Mais il y a quelque chose dans les mains, il y a un rouge, il y a un vert dans le tableau, une manière d'incliner le visage de la Vierge que j'ai aimée. Comme c'est bon de découvrir, dans un musée où l'on vient souvent, une toile que l'on n'avait encore jamais remarquée. La salle 12, à part ça, était fermée. Et je n'ai donc pas pu voir *l'Enlèvement d'Hélène.* Tant pis ! Je me suis replié sur quelques autres toiles que j'aime, comme le *Jeune Chasseur au faucon.*

Ce matin, au réveil, j'ai traîné un peu dans mon lit et j'ai regardé la télévision. Je n'aurai jamais de télévision chez moi. Mais j'adore quand même me planter devant, tu le sais, et jouer avec les boutons, surtout dans les hôtels. Là, pourtant, je n'ai pas eu de chance. Je n'ai jamais eu de chance, d'ailleurs, avec la télévision. D'un côté, il y avait deux idiotes, accompagnées par une musique d'idiot, et en train de remuer, genre « je fais des efforts mais je souris quand même » : 1, 2, 3, un coup à droite, un coup à gauche, le pied en l'air et la tête en bas, et tout cela avec le sourire, hein ! la ménopause entre les deux yeux, et les dents jusqu'aux oreilles. Sur l'autre chaîne, il y avait une conne toute seule avec une robe, pas rose bonbon ni bleuasse comme les autres, mais verte et blanche, avec des motifs dorés très stylisés, modernes en diable : c'était un prêtre; il était dans une petite église minable, en pierres apparentes, et il parlait... il parlait... de quoi voulais-tu qu'il parle ? Du Sahel ! je vais te dire un truc : s'il pleut pendant deux ans sans s'arrêter au Sahel, l'Eglise fermera ses portes. Je vais te dire un autre truc : on a tort de dire que les gens sont des cons, qu'on vit dans un pays de cons ! Avec ce qu'on leur balance à la télévision tous les jours, il faut qu'ils soient géniaux au contraire pour être comme ils sont. Moi, si on me ligotait sur une chaise, un mois durant, face à un poste de TV, je deviendrais pire qu'eux et ça ne durerait même pas un mois : on devrait m'enfermer avant la fin.

Ce matin, en tout cas, j'en ai eu marre. J'ai arrêté la TV, j'ai écouté Laurie Anderson. *Les Nations* de Couperin, avec M. Jordi Savall à la viole de gambe. Et puis Caroline a fait couler un grand bain. C'est la seule manière, je crois, de ne pas devenir fou : se cacher, écouter notre musique à nous, nous enfermer dans les hôtels, nous asseoir à notre table, avec, en face de nous, des femmes qu'on aurait choisies. Le reste du temps, relever le col de son manteau, enfoncer son chapeau, mettre des lunettes noires et puis c'est tout, et puis c'est simple.

L'année se termine demain. Il faut prendre des résolutions. D'abord ne pas mettre de tranches de citron dans son thé. Uniquement des tranches d'orange. C'est Caroline qui m'a appris à faire ça, et c'est bien meilleur. Ensuite, avant de commander un verre de champagne dans un bar, demander à voir la bouteille. Je suis formel; d'une manière générale je recommande, dans les bars, un verre de vin blanc; car le champagne utilisé habituellement y est de très mauvaise qualité; alors que le vin blanc, lui, y est souvent acceptable et que l'on peut tout à fait, si l'on tient vraiment aux bulles, y mettre de l'eau de Perrier

— ce qui le rend plus léger. Dans notre situation, ce n'est pas négligeable !

Je tiens à cette idée de « légèreté ». Car si nous voulons aller avec l'aide de Dieu où nous avons envie d'aller, c'est légers que nous devons être, légers de tout ce qui n'est pas notre choix profond. Légers de tout ce qui n'est pas notre choix unique. Légers comme des avions en perdition qui ouvriraient leurs soutes à bagage. Légers, oui, et ne craignant pas, nous aussi, de tout jeter : les livres, les photos, les souvenirs, les chaises, les fauteuils. Quand ils viennent te saisir pour des histoires d'impôts, ils ont, paraît-il, une liste de ce qu'ils ne peuvent en aucun cas emporter : une table, une chaise, des ustensiles de cuisine et tous les objets indispensables à la pratique professionnelle du type. Eh bien, je suis pour faire de cette loi une règle de vie. A la réserve près que j'abandonne volontiers, moi, le matériel de cuisine, vu que je vais toujours au restaurant. Il me faut simplement un frigidaire pour le liquide, et je leur échange tout le reste contre un appareil à radio et à cassettes portable. Adieu, cocotte-minute ! Bonjour monsieur Josquin des Prés. Voilà, c'est simple. C'est ça. Cette espèce de liste pourrie, une chaise, un fauteuil, une radio de compagnie, il faudrait presque demander à la droite — ou à la gauche, je m'en fous ! — de l'assurer.

Ah ! la gauche... Sais-tu quand j'ai voté pour la première fois à gauche, Soledad ? C'était en 1965. J'avais longtemps hésité entre de Gaulle et Mitterrand. Pour qui voter ? Qui va faire les choses au mieux ? Je ne sais jamais, moi. Parfois, je crois que c'est les uns. Parfois, je crois que c'est les autres. Et je me souviens qu'au dernier moment, j'avais décidé de voter pour Mitterrand parce que j'étais allé le voir à Nice, au Palais des Expositions; qu'il avait dit que, s'il passait, il interdirait le tiercé; et que j'ai toujours eu horreur des loteries, des tiercés.

Je pensais aussi qu'il serait celui qui, s'il passait, dirait : « Vous savez, vous êtes ouvriers parce que tout le monde ne peut pas être patron, mais on va essayer de faire ce qu'on peut pour que ce soit moins dur. En attendant, et parce que c'est dimanche, prenez vos enfants, essayez une fois d'aller voir un musée. Les musées sont souvent gratuits le dimanche. Et allez voir au fond d'une église, derrière chez vous, à cinquante mètres sur la colline. Et puis, s'il n'y a pas de musée, et pas d'église, allez avec vos gosses, allez en marchant, mais pas en courant comme des chiens ou comme des chevaux, allez regarder la mer, allez jouer avec les couleurs, allez regarder le visage de votre femme devant la mer, quand le soleil s'en va. »

Aujourd'hui, Soledad, je crois que je n'irai plus voter. Un peu comme les mauvais joueurs, ceux qui perdent tout le temps, et qui se font interdire de casino, je crois que je vais me faire interdire d'urne.

Il est cinq heures. La nuit arrive. Je soulève mon verre. Je regarde le roux des cheveux de Caroline dans la faible lumière du salon. Une table de jeux provençale, sur la droite. La vieille bergère XVIIe où je me cale. Un couple d'Italiens à l'autre bout du salon, qui se parle à l'oreille. Il fait chaud. La grande tapisserie sur le mur de l'entrée me parle de Diane, et je pense à ma Diane. Je vais d'ailleurs, de ce pas, avant d'avoir tout à fait fini cette lettre, lui téléphoner.

Je n'ai pas téléphoné à Diane. Il était donc cinq heures. J'ai repensé à ce tableau que j'aime, de Liberale da Verona. Un des gardiens du musée m'avait dit, la veille, de venir demain ! « Elle sera peut-être ouverte, la salle 12. »

J'ai laissé Caroline au chaud, mis mon gros manteau noir, enfermé ma tête dans un pull-over, quitté l'hôtel, traversé la grande place barrée par le mistral, le visage en avant, jouant des épaules comme avec la foule. Le musée du Petit Palais. La femme derrière la vitre : « On ferme à dix-huit heures.

— Je sais, madame, il n'est pas dix-huit heures.

Les escaliers, la salle 12... Fermée. Le gardien à côté. « On peut allumer ? Juste cinq minutes, je ne vais rien abîmer. Ce sont des toiles que j'aime. — Laquelle ? » J'ai regardé la gueule du type. Impossible. Impossible de me souvenir du nom, du titre.

« Laquelle ? », il me répétait.

Alors j'ai dit bégayant :

« Les deux folles, la rouquine et sa sœur, avec des bateaux et des colonnes. »

Il m'a toisé, détachant calmement ses mots :

« Monsieur, je vous dis que la salle 12 est fermée, et je me permets d'ajouter, monsieur, qu'il n'y a pas de folle dans les tableaux de ce musée. »

Puis il est parti et m'a tourné le dos en haussant les épaules.

Que pouvais-je faire ? Il restait presque une heure, une heure à passer avec ces tableaux, avant que le musée ferme. Le soleil était encore — quoique à peine — aux fenêtres. Tu sais, ces grandes fenêtres hautes, ouvertes vers l'ouest, au-dessus de Villeneuve, entre la colline et le ciel qui avait déjà presque pris les couleurs de la nuit. Il y avait quelques rares traînées de jour et de soleil du jour. Pas l'orange exact des couchants mais le jaune un peu pâle des midis d'hiver. Je regardais les arbres, juste devant moi. Un gros platane aux branches grêles, courbées par le mistral. Et puis l'île, plus loin, entre les bras du fleuve. Et puis le pont des chansons des enfants. Et, juste en face, les deux tours, les deux belles tours de Villeneuve ou de la Chartreuse, je ne sais plus. J'ai revu le profil et la coiffure des femmes emmenées dans ce musée. Toi, bien sûr. Et puis les autres.

J'étais là, comme ça, depuis un long moment quand, derrière moi, une voix s'est élevée. Je me suis retourné, c'était un homme. Sa voix était calme, large, basse. Il était de très haute taille, puisque j'étais obligé de lever mon regard. « C'est très beau, ce paysage, commença-t-il, à presque toutes les heures de la journée. »

Je l'ai mieux regardé. Un costume croisé, de couleur grise, très foncé, pas en flanelle, mais dans un tissu plus rêche, moins facile... Une chemise Oxford bleue, dont le col montait haut dans le cou... Une cravate bleue, elle aussi... Une pochette blanche dans la poche de la veste, très fine, très discrète, dépassant à peine... Sur les épaules, jeté sans en enfiler les manches, un grand manteau de laine noire, très large et dont on devinait, à la mate brillance, quelle devait en être la douceur... Il avait un cou très long. Et ce qui était remarquable encore, c'est qu'il avait des lèvres fortes, bien dessinées et que la partie du visage qui allait de la lèvre supérieure à la base des narines était plus large que la moyenne, plus bombée, ajoutant ainsi à l'élégance et à l'autorité générale du visage. La couleur de ses yeux ? Je ne me souviens plus de la couleur de ses yeux. Je ne me souviens jamais de la couleur des yeux des gens que je rencontre, des femmes que j'aime. Je sais, en revanche, qu'il avait des cheveux, disons, poivre et sel, plutôt poivre que sel. Des cheveux très rudes, un peu comme ceux de mon ami Tigrane qui vit à Monte-Carlo et qu'on a croisé une fois dans un aéroport. Il se tenait très droit, malgré sa taille. Les pantalons de son costume avaient des revers et le bas était plutôt étroit, à peine cassé sur des chaussures à lacets noirs, en cuir, simples, lisses. J'aurais été incapable de lui donner un âge. Il aurait pu avoir quarante-cinq ans; peut-être moins; peut-être beaucoup plus...

« Vous êtes venu voir la salle 12, commença-t-il, avenant.

— Oui.

— Et la toile dont vous parliez, c'est, naturellement, *l'Enlèvement d'Hélène* ?

— C'est cela, oui.

— Vous avez raison. C'est une toile étonnante.

— Vous vous intéressez à la peinture ?

— Je m'intéresse à tout.

— Et que faites-vous, quand vous ne visitez pas les musées ?

— Rien.

— Depuis longtemps ?

— Si je vous le disais, vous ne me croiriez pas ».

Et comme j'essayais de protester, il ajouta :

« Je sais... Je sais. Vous pouvez comprendre bien des choses. Mais pas celle-là... Certainement pas celle-là... »

Nous étions arrivés devant l'*Histoire de Suzanne* de Domenico de Michelino.

« Cette histoire de vieillards est absurde. J'ai toujours pensé que la fille aurait dû se laisser faire... Et puis non. Sans sa sottise, vous n'auriez pas ces peintures. Vous savez qu'à l'origine, ce sont des Cassone, comme *l'Enlèvement d'Hélène* ? Au fait, connaissez-vous les Cassone qui sont dans la salle italienne, à la National Gallery ? »

Je répondis que oui. La situation devenait étrange. Il parlait de la peinture comme j'aurais pu en parler moi-même. Et pourtant, quelque chose m'échappait. Et de cette manière maladroite qui est parfois la mienne, je lui demandai :

« Quel âge avez-vous ? »

Il me regarda lentement, en souriant à peine et, au bout d'un moment, me dit :

« Vous savez, il n'y a pas qu'aux jolies femmes qu'il convient de ne pas demander leur âge. Certains hommes, dont je fais partie, savent avoir, de la féminité, un certain bonheur, une certaine pudeur. »

Il s'était avancé un peu plus. Nous étions maintenant dans l'une des premières salles du musée, tout entière accrochée de panneaux de petit format joliment encadrés de métal. Et, se retournant brusquement vers moi, il reprit :

« Mon âge ? Eh bien, disons que je suis vieux comme une vieille, très vieille histoire juive... »

Il me tourna à nouveau le dos pour regarder les toiles et puis, me regardant fixement, demanda :

« Cette étrange idée de mélanger de l'acier avec de l'or que vous utilisez, je crois, régulièrement dans vos toiles, depuis un an, ne serait-ce pas ici, par hasard, qu'elle vous serait venue ?

Et puis, avançant encore un peu :

« C'est bien. Je vous autorise à ne pas répondre. »

Est-ce le vin blanc, alors ? Un égarement de l'instant ? Ma folie de toujours, peut-être ? Mais je lui demandai soudain, sans réfléchir :

« Vous avez vécu à Rome ? »

Et lui, naturel :

« Bien sûr. Souvent. Et longtemps. »

Alors, je ne sais plus... Le vin sans doute... Et ma folie encore. Mais ce type... Son âge... Ce type qui se disait aussi vieux que la plus vieille histoire juive... Je n'en connaissais qu'une, n'est-ce pas, qui fût et très belle et très vieille... Et je n'en connaissais qu'un, surtout, qui eût vécu à Rome et sût, sur ma peinture, tous ces détails... Dieu, bien sûr. Dieu, lui-même. Dieu, dont il me paraissait tout à coup presque normal, fou que je suis, qu'il erre dans les musées vides et accoste le premier venu...

« Ce n'est pas trop difficile ? lui dis-je alors.

— Quoi ?

— De vivre à Rome ?

— Vivre à Rome, vous savez, ça a eu beaucoup de charme. Et puis un jour, ou plutôt un soir, le temps d'un dîner entre deux idiotes dont je savais pertinemment que l'une travaillait pour le KGB et que l'autre était tout entière attachée aux bonnes œuvres de la Mafia, les choses ont basculé.

— Des idiotes ? demandai-je.

— Oui, enfin, des cardinaux. C'est une habitude que j'ai prise il y a longtemps, avec un gentilhomme gascon de mes amis, d'employer quelquefois le féminin pour parler de personnes du sexe masculin. C'est plus drôle. Tout le monde s'y perd. Et vous m'avouerez que parler de la reine quand il s'agit du roi, c'est quand même plus rigolo que quand il s'agit de la grosse Victoria. »

Il marchait toujours. Il regardait les toiles en silence. Et ajouta :

« A propos, n'essayez pas de voir d'autres toiles de Liberale da Verona. Vous avez ici la meilleure. C'est comme Sassetta. Je sais que vous aimez une petite prédelle qui se trouve au Louvre en face de la bataille d'Uccello. Et vous avez vu, je crois, le panneau qui est à New York au Metropolitan ? Ne cherchez pas ailleurs. Ce serait décevant. »

Il m'emmena alors dans une salle où se trouve ce *Jeune Chasseur*, dont je te parlais à l'instant.

Et puis, comme nous passions devant le Botti-
celli :

« Ça, voyez-vous, je n'aime pas vraiment. »

Et devant le Carpaccio :

« Très beau, oui, très beau. Je sais que les
Français l'aiment beaucoup. Mais en France c'est
celui qui est au Louvre que je préfère. Un saint,
je ne sais plus lequel, qui prêche à Jérusalem. »

Le temps passait. Nous allions devoir partir.
Qu'allait-il arriver ? Tandis qu'il me regardait, je
lui demandai :

« Je voudrais vous poser une dernière question. »

Imperceptiblement mécontent, impatient en
tout cas, et comme s'il me trouvait complètement
stupide à présent, il me répondit :

« Une seule et très vite.

— Lourdes ?

— Lourdes ?

— Oui », fis-je de la tête.

Il me prit alors le bras, baissa la voix et, la
bouche tout près de mon oreille, chuchota : « Je
ne vous félicite pas pour votre question. »

Et après un nouveau silence :

« Vous savez. Je suis comme tout le monde,
j'aime les jolies choses, les femmes très belles et
très bien habillées. J'ai beaucoup aimé Coco

Chanel, par exemple. Et puis d'autres disparues. Vous croyez que cela me fait plaisir tous ces gens allongés, tous ces fauteuils, tous ces malades, toute cette misère ?

— Bien sûr, opinai-je gravement, vous n'êtes pas fait pour ça...

— Personne n'est fait pour ça. Mais que voulez-vous ? Ça entretient l'institution... Ça fidélise la clientèle... Et rien n'échappe, j'en ai peur, à la loi du marché du malheur... »

Derrière nous, le gardien commençait de s'agiter et éteignait les salles une à une, après notre passage. Nous étions près du hall, à présent, sur le point de sortir. Il serra mon bras plus fort et me dit :

« Je ne voudrais pas que vous pensiez que ce sont les effets de l'âge ou l'abus des privilèges. Mais, contrairement à vous, je trouve que ce monde n'est pas beau, il m'attriste... Continuez, cependant. Oubliez tout ce que j'ai dit. Et n'ayez pas peur, surtout. Si vous avez peur, les autres auront déjà gagné. »

Nous étions arrivés dehors. Le vent s'était arrêté, comme il s'arrête quelquefois une minute, dix minutes, cela dépend des heures du jour. La nuit avait presque envahi le paysage. Sur la gauche, les longues façades blanches de l'église des Doms et du Palais se dressaient dans la lumière des lampes. Sur la droite, les petites maisons se devinaient à peine. Nous marchâmes à larges pas, sans nous presser, traversant de bout en bout le parvis. Quand nous arrivâmes sur la place de l'Horloge, un manège tournait encore, doré et rose, à deux étages. Devant l'Opéra, mon interlocuteur me dit :

« Il faut partir... »

Et puis encore : « Peut-être nous reverrons-nous. »

Depuis de longues minutes, je ne savais plus, moi, quoi dire. Je regardai à peine et la ville et l'homme. Et sans doute la ride que j'ai entre les deux yeux s'était-elle faite plus profonde.

Il se mit à rire alors, en rejetant la tête en arrière et me donna un grand coup sur l'épaule avant de s'engouffrer à l'arrière d'une voiture gris foncé et de marque étrangère. A peine la portière s'était-elle fermée que, lentement, la glace descendit. Il me tendit alors une carte, où, dans la demi-obscurité je devinai une adresse à Montreux, un nom allemand avec un prénom double et italien, et puis une profession, juste sous le nom : « Art dealer »...

TABLE

COLLECTION « FIGURES »
dirigée par Bernard-Henri Lévy

Jean-Paul Aron et Roger Kempf, *le Pénis et la démoralisation de l'Occident.*
Jean Baudrillard, *les Stratégies fatales.*
Jean Baudrillard, *La Gauche divine.*
Jean-Marie Benoist, *la Révolution structurale.*
Claudie et Jacques Broyelle, *Apocalypse Mao.*
Claudie et Jacques Broyelle, *les Illusions retrouvées.*
Madeleine Chapsal, *Envoyez la petite musique...*
François Châtelet, Jacques Derrida, Michel Foucault, Jean-François Lyotard, Michel Serres, *Politiques de la Philosophie* (textes réunis par Dominique Grisoni).
Catherine Clément, *Les Fils de Freud sont fatigués.*
Catherine Clément, *l'Opéra ou la défaite des femmes.*
Catherine Clément, *Vies et légendes de Jacques Lacan.*
Annie Cohen-Solal, *Paul Nizan, communiste impossible.*
Christian Delacampagne, *Antipsychiatrie. Les Voies du sacré.*
Galvano Della Volpe, *Rousseau et Marx.*
Jean-Toussaint Desanti, *Un destin philosophique.*
Laurent Dispot, *la Machine à terreur.*
Jean-Paul Dollé, *Voies d'accès au plaisir.*
Jean-Paul Dollé, *l'Odeur de la France.*
Jean-Paul Dollé, *Danser maintenant.*
Michel Guérin, *Nietzsche, Socrate héroïque.*
Michel Guérin, *Lettres à Wolf ou la répétition.*
Gérard Haddad, *Manger le Livre.*
Heidegger et la question de Dieu (sous la direction de R. Kearney et J. S. O'Leary).

Jacques Henric, *la Peinture et le Mal.*
L'Identité, séminaire dirigé par Claude Lévi-Strauss, 1974-1975.
Christian Jambet, *Apologie de Platon.*
Christian Jambet et Guy Lardreau, *l'Ange.*
Christian Jambet et Guy Lardreau, *le Monde.*
Guy Lardreau, *la Mort de Joseph Staline.*
Michel Le Bris, *l'Homme aux semelles de vent.*
Michel Le Bris, *le Paradis perdu.*
Dominique Lecourt, *Bachelard. Le jour et la nuit.*
Bernard-Henri Lévy, *la Barbarie à visage humain.*
Bernard-Henri Lévy, *le Testament de Dieu.*
Bernard-Henri Lévy, *l'Idéologie française.*
Thierry Lévy, *le Crime en toute humanité.*
Claude Lorin, *l'Inachevé* (Peinture-Sculpture-Littérature).
Jean-Luc Marion, *l'Idole et la Distance.*
Anne Martin-Fugier, *la Bourgeoise.*
Anne Martin-Fugier, *la Place des bonnes.*
Philippe Nemo, *l'Homme structural.*
Philippe Nemo, *Job et l'excès du mal.*
Pasolini, séminaire dirigé par Maria Antonietta Macciocchi.
Françoise Paul-Lévy, *Karl Marx, histoire d'un bourgeois allemand.*
Philippe Roger, *Sade. La philosophie dans le pressoir.*
Guy Scarpetta, *Brecht ou le soldat mort.*
Guy Scarpetta, *Éloge du cosmopolitisme.*
Michel Serres, *Zola. Feux et signaux de brume.*
Daniel Sibony, *La Juive : une transmission d'inconscient.*
Daniel Sibony, *l'Amour inconscient.*
Bernard Sichère, *Merleau-Ponty ou le corps de la philosophie.*
Bernard Sichère, *le Moment lacanien.*
Alexandre Soljenitsyne, *l'Erreur de l'Occident.*
Philippe Sollers, *Vision à New York.*
Gilles Susong, *la Politique d'Orphée.*
Armando Verdiglione, *la Dissidence freudienne.*
Armando Verdiglione, *Fondation de la psychanalyse, I. Dieu.*
Giambattista Vico, *Vie de Giambattista Vico écrite par lui-même.*
Claude Vigée, *l'Extase et l'Errance.*
Claude Vigée, *le Parfum et la Cendre.*
Elie Wiesel, *Signes d'exode.*